Weitere 111 Gründe, Lehrer zu sein

Die Schule sei keine Tretmühle, sondern ein heiterer Tummelplatz des Geistes.

Dietrich von Horn &
Hein-Dirk Stünitz

Weitere 111 Gründe, LEHRER zu sein

Eine Hommage an den
allerschönsten Beruf der Welt

Mit Illustrationen
von Jana Moskito

SCHWARZKOPF & SCHWARZKOPF

INHALT

5

Begriff »Disziplin« nicht verabscheut | Weil er seine eigene Interpretation der Relativitätstheorie hat | Weil er sich nicht immer ärgert, wenn er als Besserwisser bezeichnet wird | Weil er seinen Schülern gerne auch gerne mal unterlegen ist | Weil er Wikipedia gerne nutzt, aber seine Skepsis nicht verliert | Weil er sich stark dafür macht, dass alle Lehrer gleich bezahlt werden | Weil man eine Außenwirkung hat | Weil Gerhard Schröder Lehrer als faule Säcke bezeichnet hat | Weil der Lehrer etwas für sein Image in der Öffentlichkeit machen kann

6. Kapitel
Schräge Gründe – Seite 153

Weil er immer wieder in der Zeitung auf grammatikalische Fehler stößt | Weil er sich der Generation Y verbunden fühlt | Weil er nicht weiß, ob er an Wunder glauben soll | Weil er sich Hunderte von Namen merken darf | Weil sich auch sein Vater an seine Schulzeit erinnern kann | Weil man auf Klassenreisen zum Friseur gehen kann, aber nicht sollte | Weil er glaubt, seinen Schülern erklären zu müssen, dass 747 Millionen Inder keine Toilette haben | Weil er einen Sprachkurs in der Türkei machen kann | Weil er beim Lesen von Gedichten auf merkwürdige Gedanken kommt | Weil man zu neuen Hobbys finden kann | Weil einem Unterrichtsideen im Alltag weiterhelfen können | Weil man die Beziehungen und Kenntnisse der Eltern und Schüler für sich nutzen kann | Weil er sich mit seiner Partnerin in die Eltern von Otto Dix verwandeln kann | Weil er sich von Sido »Schule« anhören darf | Weil er seine Umwelt auch mal verblüffen kann

7. Kapitel
Der Lehrer als Helfer – Seite 191

Weil er seinen Schülern hilft, zufrieden im Hier und Jetzt zu leben | Weil er versucht, seinen Schülern alte Spiele nahezubringen | Weil er der festen Überzeugung ist, dass es auch Sieger geben darf | Weil man keinen Schüler aufgeben muss | Weil er Schüler bestärken kann, die einen anderen Weg beschreiten wollen | Weil er die Möglichkeit hat, seine Schüler zu gesundem Essen und Trinken anzuleiten | Weil er auch mal Erste Hilfe leisten muss

8. Kapitel
Der Schulalltag I Seite 209

Weil er seinen Schülern zeigen kann, dass ein Leben auch ohne Smartphone möglich ist | Weil auch er sich den guten Vorsätzen nicht entziehen kann | Weil er sich der Sprache seiner Schüler nicht auf Dauer entziehen kann | Weil er an Elternabenden teilnehmen darf | Weil er auch mal die Schule verlassen muss | Weil sich seine Schützlinge ihre Kindlichkeit bewahrt haben | Weil er den Schülern die Augen öffnen will | Weil über 70 Prozent der Lehrer Frauen sind | Weil der Lehrer und die Schüler gerne spielen | Weil er so oft wie möglich außerschulische Lernorte aufsucht | Weil Unterrichtsthemen auch aus dem Umfeld der Schüler stammen müssen

9. Kapitel
Der Lehrer ist auch nur ein Mensch – Seite 233

Weil er auch mal fantasieren darf | Weil er gelernt hat, sich mit Halbbildung durch den Unterricht zu hangeln | Weil er froh ist, dass eine große Gewerkschaft seine Interessen vertritt | Weil YOLO auch für die Schule gilt | Weil er aufgrund seines Unterrichts ins Grübeln kommt | Weil er in der Deutschen Bahn zum Nachdenken über die Menschheit kommt | Weil er seine Erfahrungen mit der Schule niederschreiben kann | Weil man sich Anregungen für seine Wohnung holen kann | Weil man als introvertierter Lehrer für die Schule von Vorteil sein kann | Weil man als extrovertierter Lehrer für die Schule von Vorteil sein kann | Weil man als ambivertierter Lehrer für die Schule von Vorteil sein kann | Weil er einen langen Atem haben darf

Vorwort

Erich Kästner meinte, ein Vorwort sei eine Unart. Er konnte sich diese Unart aber leider nicht abgewöhnen, wie er sagte.

Die beiden Autoren finden, dass ein Vorwort keine Unart ist, denn man kann doch nicht gleich mit der Tür ins Haus fallen. So nach dem Motto: Fang an. Ruck, zuck! Halte den Leser nicht mit unnützen Verschnörkelungen auf. Sag, was du zu sagen hast, und ansonsten halte die Klappe.

Nein, nein, so geht das nicht, denn das Wichtigste im Leben ist nun mal das Überflüssige! Also, ein Vorwort muss sein.

Aber – wie fängt man am besten an? Und vor allen Dingen, wie schafft man es, dass es auch gelesen wird?

Vielleicht so?

Dies ist das Buch, das weitere 111 Gründe nennt, Lehrer zu sein, zu werden oder gewesen zu sein. Es gibt also nicht nur 111, sondern es beschreibt weitere 111 Gründe. Und wenn die Autoren weiter intensiv nachdenken, gibt es bestimmt noch einmal 111 Gründe.

Was?

Das glauben Sie nicht?

Doch, das geht!

Vielleicht gibt es ja für die beiden Autoren Anregungen von außen, denn jeder Lehrer kann bestimmt aus seinem Erfahrungsschatz einiges an Geschichten und Gedanken beisteuern, warum es sich lohnt, Lehrer zu sein. Wenn dem so ist, wird es wohl nicht lange dauern, bis der nächste Band erscheint.

Oder vielleicht doch besser so?

Das erste Buch war erfolgreich. Da liegt es auf der Hand, eine Fortsetzung zu schreiben. Bloß wie? Ist denn nicht schon alles dazu gesagt? Noch mal 111 Gründe, wie soll das gehen? In Band 1 sind ja schon einige Skurrilitäten dabei. Geht da überhaupt noch was? Das kann doch nichts werden.

Aber da hat der Lehrer die Rechnung ohne seinen besten Freund gemacht. Der langjährige Lehrer und Schulleiter sprudelte nur so vor neuen Ideen. Am Ende kamen sie zu dem Ergebnis: »Doch, da geht noch was.«

Also, warum nicht gemeinsam schreiben?

Gesagt, getan.

Hier ist das Ergebnis.

Oder so?

Wer das Vorwort überspringen will, kann das selbstverständlich tun. Der Leser ist ja frei in seinen Entscheidungen, ein freier Bürger in einem freien Land.

Man kann auch, wenn Sie, der wertgeschätzte Kunde, das Buch gerade in einer Buchhandlung entdeckt haben, es wieder aus der Hand und zurück zu den anderen legen.

Sie sollten allerdings bedenken, dass Sie sich dadurch keinen Gefallen tun, denn Sie verpassen Weisheiten, Anekdoten, Skurrilitäten, Amüsantes oder auch Ernstgemeintes über den Lehrerberuf.

Wenn Sie dieses Buch geschenkt bekommen haben sollten, machen Sie sich Gedanken, was der Schenkende damit bezwecken wollte. Will er Sie zu diesem Beruf animieren, Mut machen, Sie warnen und lieber von dem Berufsziel abhalten, oder will er einfach nur schulische Erinnerungen wachrufen?

Auf jeden Fall hat er es gut mit Ihnen gemeint.

Oder stellt man einfach nur ein Zitat von William Shakespeare vorweg?

»Es gibt mehr Ding' im Himmel und auf Erden, als Eure Schulweisheit sich träumt.«

Die Autoren
Dietrich von Horn
Hein-Dirk Stünitz

KAPITEL 1

VON EHEMALIGEN SCHÜLERN LERNEN

Überall versuchen wir, Weltmeister zu sein. Und nicht nur im Sport.

Weil er sich von PISA nicht täuschen lässt

Kaum ein Tag vergeht, ohne dass sich die Medien nicht mit dem Thema »Schule« beschäftigen. Meist stehen im Zentrum dieser Berichterstattungen die Ergebnisse der PISA-Studie und die daraus resultierenden Umgestaltungen der deutschen Schullandschaft.

Oh Gott, oh Gott, denkt der verunsicherte Leser, wir müssen besser werden, jetzt stehen die Briten in der PISA-Hitparade schon vor uns und demnächst Burkina Faso. Wir steigen ab in die zweite Liga. Wo soll das bloß alles noch hinführen? Ein Absturz in die Bedeutungslosigkeit steht bevor, Deutschland wird ein Entwicklungsland.

Das kann doch wohl nicht wahr sein: Überall versuchen wir, Weltmeister zu sein. Und nicht nur im Sport, sondern auch in der Wirtschaft gelingt uns das ja auch. Da kann unsere Schule doch nicht in der Mittelmäßigkeit versinken!

Ein guter, engagierter Lehrer könnte daran verzweifeln, aber da er über den Tellerrand hinausblickt, lässt er sich von PISA-Ergebnissen nicht täuschen. Er weiß, dass für seinen Unterricht nicht nur kognitive Ziele gelten. Das Erreichen von Bildungs- und Erziehungszielen prägt eine gute Schule.

Eine Übersicht macht die Vielfältigkeit und hohen Ansprüche deutlich, die sich deutsche Bildungspolitik auf die Fahnen geschrieben hat:

> Verantwortungsbewusstsein für Natur und Umwelt,
> Achtung vor der Würde des Menschen,
> Selbstbeherrschung und Spontaneität,
> Verantwortungsgefühl und Verantwortungsfreudigkeit,
> Hilfsbereitschaft,
> Aufgeschlossenheit für alles Wahre, Gute und Schöne,
> Ehrfurcht vor allem Lebendigen,

- Achtung vor der Überzeugung des anderen,
- Toleranz,
- Nächstenliebe,
- Gerechtigkeit,
- sittliches und politisches Verantwortungsbewusstsein,
- Friedensfähigkeit,
- berufliches Können,
- soziales Handeln,
- freiheitlich demokratische Haltung,
- Solidarfähigkeit,
- Selbstbestimmung,
- Fähigkeit zu urteilen,
- Fähigkeit zum eigenen Standpunkt,
- Kritikfähigkeit,
- Liebe,
- Respekt.

Weil PISA keine Aussagen dazu macht, wie erfolgreich deutsche Schulen beim Erreichen dieser Ziele sind, haben wir ehemalige Schülerinnen und Schüler befragt, wie sie Schule erlebt haben.

2. GRUND

Weil sich ein Exbürgermeister erinnert

Werner M., 66:
Erinnerungen an die Grundschule:

»Ganz viel Wert wurde auf Schönschrift gelegt. Mein Klassenlehrer war sehr geduldig, viel geduldiger als meine Mutter. Das hat mich sehr positiv geprägt. Aber auch Respekt war wichtig: Wenn der Lehrer die Klasse betrat, mussten alle Schüler aufstehen und im Chor sagen: ›Guten Morgen, Herr Lehrer.‹ Ich glaube, auch deswegen bin ich später ein sehr höflicher Mensch geworden.«

Erinnerungen an die weiterführende Schule:

»Da hatte ich zu Beginn eine Lehrerin, die massenhaft Strafarbeiten verteilte. Sie ließ nichts aus, uns zu demütigen. Und dann kam Lehrer Hoffmann. Nach der Diktatrückgabe mussten alle nach vorne, die eine Sechs geschrieben hatten. Dann gab's mit dem Stock auf die Hände. In dessen Unterricht war nur noch Angst.

Gott sei Dank kam danach Lehrer Bach. Zwar eine Respektsperson, aber sehr ausgeglichen. Endlich war Schule nicht mehr der reine Horror. Ich glaube, schon damals ist in mir der Entschluss gereift, egal welche Position ich habe, nie einen Menschen schikanieren zu wollen.«

Am Tag nach dem Interview bekam der Lehrer einen Anruf von Werner M. Er wollte ihm mitteilen, wie sehr ihn Stunden später das Gespräch aufgewühlt hätte und alles wieder hochgekommen sei. Jetzt würde er auch verstehen, woher seine dauernden Prüfungsängste kämen.

3. GRUND

Weil er weiß, dass er seine Schüler niemals herabsetzen sollte

Wie das Interview mit Werner M. deutlich macht, ist es noch gar nicht so lange her, dass körperliche Züchtigung in deutschen Schulen alltäglich war. Aus anderen Gesprächen und eigenen Erfahrungen weiß der Lehrer, dass dazu nicht nur Schläge mit dem Stock üblich waren. Ohrfeigen gab es schon aus nichtigem Anlass, genauso wie Tritte oder knebelnde Griffe in die Haare. Sollte der Lehrer besonders jähzornig sein, konnte es auch sein, dass er einen

Delinquenten dermaßen am Ohr zog, dass das Ohrläppchen einriss. Zu seinen Eltern brauchte das gemaßregelte Kind nicht zu gehen, denn die standen in den meisten Fällen auf der Seite der Lehrer.

Dass die Prügelstrafe in Deutschland erst vor wenigen Jahrzehnten abgeschafft wurde, mag heutigen Schülern nicht glaubhaft erscheinen. Das heißt aber keineswegs, dass sie heutzutage in der Schule keine Herabsetzung erfahren.

Natürlich muss ein guter Lehrer Autorität besitzen. Aber die Verführbarkeit für »schwache« Lehrer, mit Sprache die ihnen Anvertrauten zu verletzen, ist riesengroß. Positive Bekräftigung haben sie nicht in ihrem pädagogischen Werkzeugkasten. Dafür ist ihr Repertoire an Beleidigungen nahezu unerschöpflich. Die »besten« unter dieser Art von Pädagogen lassen die Herabsetzungen so geschickt daherkommen, dass Beschwerden bei der Schulleitung wenig Aussicht auf Erfolg haben. Zu ihren beliebtesten Werkzeugen zählen der Zynismus, die Nichtbeachtung und die Herausstellung der Unfähigkeit ihrer Schüler.

Natürlich sollte man, ausgenommen in der Grundschule, auch mit dem Mittel der Ironie spielen. Das gestaltet nicht nur den Unterricht unterhaltsamer, sondern lehrt auch die Schüler, mit diesem wichtigen sprachlichen Werkzeug umzugehen. Aber wehe der Lehrer weiß nicht die Grenze zum Zynismus zu ziehen. Ein maliziöses, vor der ganzen Klasse ausgesprochenes »Toll Hendrik, mit den 20 Zeichensetzungsfehlern hast du mal wieder bewiesen, dass du hier nicht hingehörst. Gib dir mal Mühe, dann schaffst du beim nächsten Diktat einen neuen Schulrekord!« wird bei Hendrik Lebensskript schreiben.

Die Nichtbeachtung ist ein besonders infames Mittel der Herabsetzung, weil sie schwer zu belegen ist. Wenn ein Schüler nicht mit einbezogen und ihm nie geholfen wird, wird sich Schulunlust zwangsläufig einstellen.

Weil sich Schüler und ihre Eltern vor zynischen Lehrern schützen können

Wie können sich Schüler und ihre Eltern vor solchen Erziehern schützen?

Fühlt sich der Schüler verletzt, sollte er möglichst zeitnah nach der Herabsetzung das Gespräch mit dem Lehrer suchen. Vielleicht ist dem ja gar nicht bewusst, was er angerichtet hat. Sollte er sich das nicht zutrauen, gilt es, sich Hilfe zu holen. Wenn er Glück hat, gibt es an seiner Schule einen Sozialpädagogen, der ihm als Mediator im Gespräch mit dem »Zyniker« zur Seite stehen kann. Gibt es eine solche Hilfe nicht, sollte sich der Schüler nicht scheuen, seinen Klassenlehrer zu bitten, auf den Fachlehrer einzuwirken. Wenn sich nach diesen Erstgesprächen nichts an der Situation ändert, sollten die Eltern ihr Kind schützen. Sie sollten Kontakt mit dem Lehrer aufnehmen. Das Gespräch sollte aber nicht am Telefon und erst recht nicht auf einem Elternabend stattfinden, denn gerade ein »schwacher« Lehrer wird in solch einer Situation beleidigt und entrüstet reagieren. Hilft all das nicht, muss die Schulleitung informiert werden. Natürlich ist die Hemmschwelle für solch eine Kontaktaufnahme groß, denn die Ängste vor Repressalien sind nachvollziehbar. Trotzdem sollten Eltern diesen Schritt wagen, denn letztlich geht es nicht nur um das eigene Kind, sondern auch darum, künftige Schülergenerationen vor solchen Lehrern zu schützen. Macht sich auch dann noch Hilflosigkeit breit, sollten die Eltern nicht vergessen, die Solidarität mit anderen Betroffenen zu suchen. Und, bevor ein Schulwechsel in Betracht gezogen wird, gibt es auch eine Instanz über der Schulleitung. Hat man das Gefühl, dass nur gemauert wird, sollte die Schulaufsicht informiert werden.

Weil der Lehrer weiß,
dass Schule den Schüler prägt

Michael H., 57
Grundschulzeit:

»Die Grundschulzeit hab ich als Einzelkind in ›wackligen‹ Familienverhältnissen verbracht. Es gab auch keine Möglichkeit, einen Kindergarten zu besuchen. Zudem wohnten wir in einem militärischen Sperrbezirk. Somit waren die sozialen Kontakte auf ein Minimum beschränkt. Da war die Grundschulzeit eine richtige Befreiung für mich.«

Weiterführende Schule:

»Ich kann mich nicht genau an einzelne Lehrer erinnern. Aber die Schulzeit hat mich gelehrt, zu teilen, Rücksicht zu nehmen, mich unterzuordnen und Regeln einzuhalten.

Die Schule hat mir die Chance gegeben, mit Gleichaltrigen altersgemäß zu kommunizieren, meinen Platz in der Hierarchie der Klasse zu finden, Freundschaften zu finden und gescheiterte Versuche zu akzeptieren.

Damit hat die Schule für mich in der präpubertären Lebensphase wichtige und prägende Bausteine vermittelt.«

Weil er als Lehrer Disziplin fordert und selber zeigt

Der Begriff *Disziplin* sorgt im schulischen Bereich seit Jahrzehnten für heftige Diskussionen. Eltern haben ihre eigenen Vorstellungen, Pädagogen streiten in Konferenzen. Umso erstaunlicher ist die Tatsache, dass *Disziplin* während des Studiums kaum problematisiert wird.

Das schwierige Verhältnis zur *Disziplin* gründet sich in den Erfahrungen mit unfähigen Erziehern, die Disziplinierungsmaßnahmen einsetzten, um ihre Schüler klein zu halten und von ihrem schlechten Unterricht abzulenken. Aber bis heute wird auch innerhalb der Lehrerkollegien gestritten, wie man mit Disziplin umgehen sollte.

Da stellen sich doch ganz einfache Fragen:
> Wie pünktlich sollten Schüler zum Unterricht kommen?
> Wie lange sollte es dauern, bis die Schüler zur Ruhe kommen und der Unterricht beginnen kann?
> Wie sollten die Schüler sitzen dürfen: rittlings auf dem Stuhl, mit hochgelegten Beinen, … ?
> Sollten Handys in der Schule erlaubt sein?
> Sollten Strafarbeiten verteilt werden?
> Sollten Hausaufgaben erteilt werden?
> Sollte der Lehrer geduzt werden?
> Ist eine saubere Heftführung wichtig?
> Wie groß darf die Unruhe während des Unterrichts sein?
> Sollte Kaugummikauen erlaubt sein?

Diese profan klingenden Fragen führen bei allen an Schule Beteiligten zu sehr kontroversen Diskussionen.

Ein schönes Beispiel für Disziplinierungsmaßnahmen erinnert den Lehrer an seine eigene Schulzeit: Sie mussten mit auf dem Tisch

gefalteten Händen sitzen und sich mit nach oben gerichtetem Zeigefinger melden. Mit den Fingern zu schnipsen war nicht erlaubt.
Nun mag das mit dem Händefalten völlig aus der Zeit erscheinen,
aber man sollte nicht vergessen, dass der geschlossene Körperkreis
der inneren Ruhe sehr dienlich sein kann. Nicht umsonst wird so
gebetet. Der Lehrer hat sich erlaubt, bei Klassen unterschiedlicher
Altersstufen ein Experiment zu wagen. Die Schüler sollten während
des Unterrichts die Hände falten. Die Ersten fingen nach zwei Minuten an zu zittern. Sie konnten diese Art der inneren Sammlung
nicht verkraften.

7. GRUND

Weil an seiner Schule alle an einem Strang ziehen

Wichtig für eine Schule ist, dass es einen Minimalkonsens über das
Thema Disziplin gibt, nach dem sich alle richten. Nichts ist schlimmer für Schüler, als orientierungslos zu sein. Sie müssen das Gefühl
haben, dass es an ihrer Schule eine Übereinstimmung gibt, was die
Disziplin anbelangt. Ein schlechter Lehrer wird in pädagogischen
Konferenzen nicht streiten, sondern macht weiterhin einfach nur
sein Ding. Ein guter Lehrer passt sich an und wird liberaler oder
strenger.

Das Zu-spät-zum-Unterricht-Kommen ist ein gutes Beispiel. Soll
Nulltoleranz gelten, oder gibt es Karenz? Man kann natürlich für
die völlige Freiheit sein. Ist doch egal, wann ein Schüler kommt,
Hauptsache ist doch, dass er überhaupt kommt. Das ist natürlich
der Anfang vom Ende. Beliebigkeit ist das Letzte, was Kinder brauchen. »Kinder brauchen Grenzen«, wie es Jan Uwe Rogge in seinem
populären Buch vielen Lesern nahelegte. Das war nicht nur für El-

tern, sondern auch für Lehrer gedacht. Wenn Schüler zu spät zum Unterricht kommen – vor allem in der ersten Unterrichtsstunde –, sollte Nulltoleranz gelten. Sonst wird es ganz schwierig. Dann wird gehandelt. Geht noch eine Minute, oder sind drei noch tolerierbar? Ganz abgesehen davon, dass jedes Zuspätkommen den Unterricht stört. Wenn man sich das vor Augen führt, bleiben einer Schule eigentlich nur zwei Möglichkeiten, um ihre Schüler zu disziplinieren. Ein Schüler, der zu spät kommt, darf nicht mehr am Unterricht dieser Stunde teilnehmen. Oder, so abwegig es klingen mag, könnte an jedem Klassenraum eine Stechuhr hängen. Jede Minute, die versäumt wird, muss nachgeholt werden. Wäre doch auch viel besser als an amerikanischen Schulen, an denen Wachleute überprüfen, warum sich Schüler nicht im Klassenraum befinden. Alle, die sich während der Unterrichtszeit in den Fluren aufhalten, müssen sich rechtfertigen.

Auch wenn in einer Schulordnung festgehalten wird, wie sich Schüler zu verhalten haben, gibt es für den einzelnen Lehrer große Spielräume, wie er diese umzusetzen gedenkt. Wichtig ist nur, dass er seiner Klasse verständlich macht, wie seine Ansprüche aussehen. Und er muss Stringenz zeigen. Nichts, in Bezug auf das Einfordern von Disziplin, ist verwerflicher als Beliebigkeit. Schüler müssen eindeutig wissen, was von ihnen gefordert wird. Jeder Lehrer, bei dem seine Klasse das Gefühl haben muss, dass seine Disziplinansprüche seinen Launen unterliegen, steht auf verlorenem Posten.

Alle Ansprüche an das Verhalten für alle durchsichtig zu machen ist das eine. Diese auch durchzusetzen ist das andere. Das bedarf der gesamten pädagogischen Klaviatur, die einem Lehrer zur Verfügung steht. Der schwache Lehrer wird viel zu schnell mit Sanktionen drohen. Prägend für den Umgang mit der Disziplin ist in besonderer Weise die allererste Stunde, die ein neuer Lehrer in einer Klasse hält. Gerade dann sollte der gute Lehrer seinen Schülern deutlich erklären, was für ein Verhalten er erwartet, um ein Lehren und Lernen zu ermöglichen.

Zur Klaviatur gehören aber auch andere Noten. Nie sollte der »Bestimmer« die Kommunikationspsychologie vergessen. Wann immer es geht, sollten »Ich-Botschaften« gesendet werden. Ein schlichtes »Ich finde es entschieden zu laut!« ist allemal besser als ein laues »Seid doch mal etwas leiser«. Zumal Pauschalansprachen ohnehin nicht sehr hilfreich sind. Da ist die individuelle Ansprache Erfolg versprechender. Was soll der einzelne Schüler damit anfangen, wenn der gesamten Klasse ein »Reißt euch doch mal zusammen« entgegengeschleudert wird. Der »artige« Schüler weiß gar nicht, wie ihm geschieht, die eigentlich gemeinten entwickeln gar nicht erst ein Unrechtsbewusstsein. Ganz am Ende der Werkzeugliste sollten die sogenannten Ordnungs- und Erziehungsmaßnahmen stehen. In besonders schweren Fällen kommt man um Strafen nicht umhin, da auch den Mitschülern das Recht auf geregelten Unterricht zusteht. Nicht alle Schüler lassen sich in allen Lebenssituationen vereinnahmen. Zwar manchmal auch ein Zeichen von Schwäche, aber immer noch besser, als mit der Drohung »Wenn sich das nicht ändert, dann wird die Klassenfahrt gestrichen« zu kapitulieren.

Eine Todsünde aber ist, wenn der Lehrer Disziplin einfordert, selber aber nicht vorlebt.

Wenn ein Lehrer während des Unterrichts Speisen und Getränke verbietet, selber aber mit der Kaffeetasse im Klassenraum erscheint, untergräbt er jegliche Moral.

Wenn ein Lehrer pünktlichen Unterrichtsbeginn einfordert, selber aber regelmäßig zu spät kommt, macht er sich zum Kasper.

Wenn ein Lehrer die Abgabe von Hausaufgaben einfordert, selber aber die Korrektur einer Klassenarbeit über Wochen verschleppt, kann er kein Vorbild sein.

Weil ein hoher Anspruch lebenslange Spuren hinterlassen kann

Torsten M., 52:
Weiterführende Schule:

»Was mich heute noch an die Schulzeit erinnert, ist meine Lehrerin Frau Walter, damals (ich war 17) erschien sie mir schon recht alt (Ende 50) – klein, schlank, ein gesunder Humor, einfach eine echt taffe Person.

Gefühlte 130 Zentimeter lang und doch irre groß! Spezialfächer (wohl auch ihre Hobbys): Deutsch und Politik.

Die Klasse bestand aus 39 halbstarken Jungs ... Alle wollten auf dem zweiten Bildungsweg ihre mittlere Reife nachholen. Na ja, vielleicht nicht alle! Und um die Spreu vom Weizen zu trennen und so gleich mal zu zeigen, wer hier das Sagen hat, ließ meine Lieblingslehrkraft gleich mal ein Diktat schreiben.

Diktat, is' klar ... Das letzte Diktat hatten alle wohl gefühlt in der siebten Klasse geschrieben.

Entsprechend fielen die Zensuren aus. Es gab nur zwei. Ne, nicht Zweien. Es hagelte zwei Fünfen, und der Rest war Sechs.

Nun wusste jeder sofort, das wird kein Spaziergang, und zur Krönung fing die erste Politikstunde gleich mal mit einer Abfrage der aktuellen Ereignisse an. Herrlich, wieder haben 90 Prozent der Jungs alt ausgesehen. Die restlichen zehn Prozent waren die Bildzeitungsleser.

Aber hängen geblieben ist das bei mir. Noch heute kann ich nicht anders. Ich muss morgens in die Tageszeitung gucken.«

Weil er in fast jedes Fach
Aktuelles einflechten kann

Wie schön, dass es die engagierte Lehrerin augenscheinlich geschafft hat, zumindest einem ihrer Schützlinge zu vermitteln, wie wichtig es ist, als mündiger Bürger über das Tagesgeschehen informiert zu sein. Nun bietet sich das in den angesprochenen Fächern förmlich an. Aber ein guter Lehrer sollte sich, egal welches Fach, herausnehmen, Aktuelles und über das Fach Hinausgehendes zu unterrichten.

Es muss eine Selbstverständlichkeit sein, dass jede Mathematik- auch eine Deutschstunde ist. Da kann es nicht angehen, dass ein Lehrer nicht korrigierend eingreift, wenn die Aufgabe lautet: »Wie nennt man eine Gerade, die im Winkel von 90 Grad zu einer anderen steht?« Und des Schülers Antwort an der Tafel lautet mathematisch korrekt, aber von der Rechtschreibung katastrophal: »Sängrechte«.

Neben dieser Selbstverständlichkeit sollte aber jeder Lehrer die Chance nutzen und den Mut haben, fächerübergreifend zu unterrichten und Aktuelles mit in seinen Unterricht einzuflechten.

Am Beispiel des Mathematikunterrichts lässt sich das verdeutlichen. Am Morgen vor dem Unterricht liest der Lehrer in seiner Tageszeitung die kleine Notiz über die reichsten Menschen der Welt. Spitzenplatz 1 hat ein Mexikaner mit 48 Milliarden. Das lässt ihn doch gleich an einen schönen Unterrichtseinstieg in der 9. Klasse denken. »Was schätzt ihr? Nehmen wir an, da hat einer 1.000.000 Euro auf seinem Konto. Der schläft nur vier Stunden am Tag und gibt jede der restlichen Stunden 1.000 Euro aus. Wie lange reicht sein Geld?« Da wird natürlich nicht geschätzt, sondern gerechnet. Die richtige Antwort lässt nicht lange auf sich warten: »50 Tage.« Aber da haben wir ja noch den reichen Mexikaner mit seinen 48 Milliarden. »Wie lange würde der denn mit seiner Kohle auskommen?« Jetzt ist wirklich Schätzen angesagt, denn das im Kopf zu rechnen ist nicht einfach. Nach langem Rätselraten wird die Lösung gegeben: Der Mexikaner könnte nicht 50 Tage mit seinem Vermögen auskommen, sondern er würde das Ende seiner Ausgabenwut nicht erleben, denn das Geld würde für 6.575 Jahre reichen. Der Lehrer weist noch darauf hin, dass natürlich sämtliche Zinsen unberücksichtigt blieben, was bei der aktuellen Zinslage sowieso nicht ins Gewicht fällt.

10. GRUND

Weil eine Versicherungskauffrau positive Erinnerungen an die Schule hat

Liesa L., 31:

»Natürlich soll die Schule dafür sorgen, dass die angestrebten Bildungsziele erreicht werden. Der Erfolg hängt aber in meinen Augen sehr stark von der Qualität der Lehrer ab.

Ich hatte in der 10. Klasse einen Mathelehrer, der so grandios gut war, dass ich mit dem Gedanken spielte, mich in der Oberstufe für den Mathe-Leistungskurs anzumelden.

Dieser engagierte Lehrer ging dann leider, und wir mussten mit dem Ersatz kämpfen. Die Mehrheit der Klasse rutschte von Zwei auf Vier. Wir haben als Klasse dafür gekämpft, einen anderen Lehrer zu bekommen. Zuvor hatte die gesamte Klasse Spaß an dem Fach und die Materie verstanden. Ich würde noch heute darauf bestehen, dass es in unserem Fall einzig und allein an der Lehrkraft lag, dass keiner mehr etwas verstand und die Leistungen sanken. Wir alle wollten Mathe wieder verstehen. Bis zum Direktor sind wir gegangen –

ohne Erfolg. Ich habe Mathe dann bis zur 12. ertragen und durfte als letzter Jahrgang dieses Fach abwählen. Yeah!

Ein weiteres Beispiel für eine gute Lehrkraft war eine Religionslehrerin. Ich hatte mich eigentlich für Philosophie entschieden, doch einige meiner Freundinnen schwärmten so von diesem Religionsunterricht. Da ich das Fach nicht mehr wechseln konnte, es aber zeitlich passte, habe ich mich trotzdem in den Religionsunterricht gesetzt und teilgenommen. Diese Lehrerin hatte einfach so unglaublich viel Energie und spannende Themen, dass sich diese Zusatzstunde einfach für mich lohnte.«

11. GRUND

Weil er Schüler für sein Fach begeistern kann

Wenn ein Abiturient sich entscheidet, auf Lehramt zu studieren, nur weil ihm nichts Besseres einfällt oder er sich nichts anderes zutraut, sind das katastrophale Voraussetzungen für den späteren Beruf. Das versteht sich von alleine. Sollte die Motivation eine erfolgversprechendere sein, bleibt immer noch die Wahl der Fächer. Da wird sich wohl keiner auf dünnes Eis begeben, sondern die Fächer studieren, die ihm während der Schulzeit am leichtesten gefallen sind.

In der Ausbildungszeit wird er hoffentlich feststellen, dass er sich mit seiner Entscheidung wohlfühlt. Wenn wir dann davon ausgehen, dass er fleißig und gewissenhaft ist, wird er sich sorgfältig auf seine Unterrichtsstunden vorbereiten. Das bietet nicht nur dem Berufsanfänger die nötige Sicherheit, sondern ist für alle Lehrer ein berufsethisches Muss. Wer darauf verzichtet, missachtet die Heterogenität seiner Lerngruppe. Wer nur noch alte Kopien aus der Tasche zieht oder nur mit dem Schulbuch arbeitet, verfehlt täglich die anzustrebenden Bildungs- und Erziehungsziele.

Wenn ein Lehrer das bedenkt, wird aus ihm aber nur ein wirklich guter, wenn er es schafft, den Schülern seine Begeisterung für sein Fach zu vermitteln.

Liesa L. macht in ihrem Interview deutlich, wie wichtig es ist, Begeisterung zu entfachen. Das muss nicht zwangsläufig dazu führen, dass Schüler in einem von ihnen nicht geliebten Fach phänomenale Leistungen bringen, denn Vorteile von Begabungen können nicht geleugnet werden. Aber wenn, wie Liesa es schildert, ein Lehrer es mit seiner eigenen Begeisterung schafft, seine Klasse mitzureißen, sind die Chancen groß. Da kann aus dem »Hass-Fach« Mathematik zwar nicht der Liebling aller werden, aber es ist schon viel erreicht, wenn die Schüler gerne in die Stunden gehen, weil sie die Begeisterung ihres Lehrers für das Fach empfinden. Damit ist zumindest die Tür geöffnet, dass sich die Klasse auf Gedankengänge einlässt, die sie sonst blockiert und nie mit gegangen wäre.

Ein Lehrer, der seinen Schülern immer nur vermittelt »Ich weiß auch nicht, warum ich euch diesen überflüssigen Kram beibringen soll«, ist völlig fehl am Platz.

Was tut sich solch ein Pädagoge auch ständig selber an? Das kann wahrhaftig nur zu einem Burn-out führen. Das hat dann aber nichts zu tun mit den schwierigen Schülern.

Ein Lehrer, der seine Berufung lebt, zeigt seine Begeisterung für sein Fach. Nur dann hat es auch bei den Lernenden die ihm angemessene Bedeutung.

Weil der Lehrer prägende Spuren hinterlassen kann

Georg R., 68:

»Spontan fällt mir als Erstes ein Geräusch ein. Das Quietschen, das mein Griffel erzeugte, wenn ich auf meiner kleinen, DIN-A4 großen Tafel die ersten Schreibversuche unternahm. Diese in Mark und Bein gehenden Töne sind hängen geblieben. Zwar keine schöne Erinnerung, ist aber trotzdem mit ein wenig Wehmut verbunden: Wann schreib ich heute noch mit der Hand?

Prägender waren die drei Ohrfeigen, die ich im Laufe meiner Schulzeit erdulden musste. Die erste bekam ich bereits im zarten Alter von sechs Jahren. Ich hatte auf dem Schulhof zu laut gerufen. Die zweite erhielt ich, weil dem Lehrer die Sauberkeit meiner Schrift nicht gefiel. In der fünften Klasse meinte mal wieder ein »Pädagoge«, mich auf so eine Weise züchtigen zu müssen. Ich war Mitglied in einer freiwilligen Schach-Arbeitsgemeinschaft. Wumm, ich hatte einen falschen Zug gemacht, bekam ich eine gescheuert. Mein Pech war nur, dass der Typ auch mein Lateinlehrer war. Die Zeugnisnote fiel entsprechend aus.

In der weiterführenden Schule hatte ich dann nicht nur einen Klassenlehrer, sondern auch einen klasse Lehrer. Der hatte Zeit für uns. Nicht nur während der Unterrichtszeit. Außerdem wusste er, jede Stunde unterhaltsam zu gestalten, weil er sich nicht scheute, sein schauspielerisches Talent einzusetzen. Sein pädagogisches Talent zeigt eine Anekdote, in der ich die unrühmliche Hauptrolle spielte:

Eine Klassenfahrt lag an. Dazu wurden von jedem Schüler 50 Pfennig eingesammelt. Nach dem Unterricht saßen wir in kleiner Gruppe mit unserem Klassenlehrer zusammen, um über die anstehende Fahrt zu sprechen. Auf dem Pult lagen die eingesammelten Münzen, in Papier gerollt. Als sich alle verabschiedeten, griff ich mir eine Rolle und steckte sie in die Hosentasche. Man musste doch auch mal einen Scherz mit dem von mir so geliebten Lehrer machen können!

Am Nachmittag, auf dem Spielplatz, spürte ich etwas ungewöhnlich Schweres in meiner Hosentasche. Die Geldrolle. Mir wurde heiß und kalt zugleich. Ich hatte so einen Schiss, dass man mich für einen Dieb halten könnte. Meine Eltern mussten helfen. Sie hörten sich meine Geschichte an, packten mich in den Lloyd meines Vaters und fuhren zu meinem Lehrer. Er war zu Hause. Die Frage, ob er Zeit hätte, bejahte er ohne Zögern. Ich hatte Gelegenheit, meine Dummheit zu schildern. Er nahm das Geld ohne jeden Vorwurf entgegen und versuchte noch, mir meine Ängste zu nehmen. Den geilsten pädagogischen Schachzug aber machte er auf der Klassenfahrt. Er übergab mir die Aufgabe, das Taschengeld zu verteilen. Danke, Herr Leufen!«

Weil er über den Unterricht hinaus gesprächsbereit sein darf

Sechs Wochen Sommerferien, dazu noch Oster-, Herbst- und Weihnachtsferien und dann noch von Belastung sprechen, da kommen dem Außenstehenden die Tränen. Fünf Stunden Unterricht am Vormittag sind doch wirklich nicht zu viel verlangt. Von der wirklichen Belastung eines Lehrers haben sie keine Ahnung.

Lehrer brauchen vor allem eine spezielle Disziplin, die Disziplin, auf sich selber aufzupassen. Besonders Berufsanfänger wissen nicht, wo ihnen der Kopf steht. Wann ist der Unterricht wirklich gut genug vorbereitet, hab ich genug gelesen und sind die selbst hergestellten Materialien perfekt genug? Aber da gibt es ja nicht nur den Unterricht und dessen Vorbereitung, sondern neben den vielen Konferenzen die Gespräche mit den Kollegen, Schülern und Eltern. Da gilt es, auch Grenzen zu ziehen.

Aber ein Lehrer hat die Verpflichtung, über den Unterricht hinaus gesprächsbereit zu sein. Ein Pädagoge, der einem Hilfe suchenden Schüler nach der Stunde antwortet »Du, ich hab jetzt Pause«, sollte mal über sein Verhalten nachdenken. Das Gleiche gilt für einen Lehrer, der am Abend von einer verunsicherten Mutter angerufen wird und sie mit einem »Was fällt Ihnen denn ein, mich um diese Zeit anzurufen?« abkanzelt.

Pausen sind zwar unterrichtsfreie, aber keine erziehungsfreie Zeit. Damit sind nicht die von Lehrern so »beliebten« Pausenaufsichten gemeint, die man nicht nur als Aufseher wahrnehmen, sondern sehr wohl nutzen sollte, um seinen Schülern näherzukommen, sondern die Zeit nach der Stunde oder vor dem Schulbeginn, wenn ein Schüler das Gespräch mit dem Lehrer sucht. Das hat seine Ursachen doch entweder darin, dass er Hilfe braucht oder seine Nähe sucht. Wird Hilfe gesucht, ist der Pädagoge gefordert. Wird Nähe gesucht, kann er sich doch nur freuen, dass er so angenommen wird.

Natürlich braucht jeder Lehrer auch zwischen den Stunden Zeit, um einmal Luft zu holen und sich mit den Kollegen austauschen zu können, aber keiner darf sich dermaßen abschotten, dass er mit dem Klingelzeichen nur noch das rettende, für die Schüler kaum zu betretende Lehrerzimmer erreichen will.

Wer seine private Telefonnummer Schülern und Eltern nicht zur Verfügung stellt, muss sich die Frage gefallen lassen, wie er das mit seiner Aufgabe als Lehrer vereinbaren will. Geht doch die Aufgabe von Schule weit über das Kognitive hinaus. Ja, auch in der unterrichtsfreien Zeit müssen Lehrer bereit sein, mit ihren Schülern und deren Eltern zu sprechen. Natürlich ist das lästig und manchmal nervig. Aber wie sollen Schüler sonst ihre Sorgen und Ängste, die ihre Schulgegenwart prägen, verarbeiten. Der Lehrer hat die Pflicht, im Rahmen seiner Möglichkeiten als Gesprächstherapeut tätig zu werden. Eltern, die anrufen, haben das gleiche Recht. Ihre Sorgen und eventuellen Vorwürfe müssen ernst genommen werden. Da gilt es nicht, auf den eigenen Feierabend hinzuweisen. Besorgte Eltern rufen ja nicht an, weil sie nichts Besseres zu tun haben. In den meisten Fällen kostet es sie große Überwindung, den Lehrer anzurufen. Manchmal lässt sich manches ganz einfach am Telefon regeln. Missverständnisse werden ausgeräumt. Wird es schwieriger, muss ein Termin für ein persönliches Gespräch gemacht werden.

KAPITEL 2

WAS BEIM UNTERRICHTEN HELFEN KANN

Du musst mit der Zeit gehen. Du vergreist.
Hallo, Griffel und Schiefertafel
sind nicht mehr aktuell!

Weil er nicht nur ein Unterrichtender, sondern auch ein Unterrichteter sein will

Für den Lehrer reicht es nicht, alle methodischen Finessen und den Unterrichtsstoff zu beherrschen. Er muss auch gut unterrichtet sein. Damit meint er nicht nur das tagespolitische Geschehen und kulturelle Neuigkeiten, sondern auch alles, was sein schulisches Umfeld anbelangt. Er ist Besitzer eines Smartphones. Bis jetzt reichte ihm sein fünf Jahre altes Handy. Er brauchte nicht ständig erreichbar zu sein, aber er schätzte das beruhigende Gefühl, im Notfall darauf zurückgreifen zu können. Aber nun hat er dem Druck der Kollegen, seiner Kinder und seiner Schüler nachgegeben.

»Du musst mit der Zeit gehen.«

»Du vergreist.«

»Hallo, Griffel und Schiefertafel sind nicht mehr aktuell!«

Sie haben ja recht. Er ist ja auch deshalb Lehrer geworden, weil er mit der Jugend am Puls der Zeit sein wollte. Da muss man schon mal seine Bequemlichkeit in den Keller bringen.

In heimischen Gefilden sucht er sich einen Ort der Muße, um sich dem Wunderding zu nähern. Schnell stellt er fest, dass die beiliegende Bedienungsanleitung karge sechs Seiten im DIN-A7-Format umfasst. Da muss gegoogelt werden, um das entsprechende Handbuch zu finden. Sonst würde sich Hilflosigkeit breitmachen. Die gefundenen 120 Seiten lassen Ängste aufkommen.

Nach zwei Stunden des Lesens und Ausprobierens hat er zwar noch nicht an Sicherheiten gewonnen, aber er kommt aus dem Staunen nicht mehr heraus.

Als Besitzer des nur wenige Millimeter dicken, Hosentaschengeeigneten Gerätes kann er einiges aus seinem Haushalt entsorgen.

Was ihn fast überrascht: Er kann mit dem Ding auch telefonieren.

Seinen Taschenkalender kann er auch vergessen. Der elektronische Terminplaner ersetzt ihn und den Knoten im Taschentuch.

Noch lagern in seinen Schubladen eine Super-8- und eine Videokamera. Wann hat er die das letzte Mal benutzt?

Das alte Kofferradio, das Tonbandgerät, der Walkman und die Plattensammlung wird er aus nostalgischen Gründen nicht verschrotten, aber jetzt hat er alles zusammen in der Hosentasche.

Sein Taschenrechner hat genauso ausgedient wie sein Wecker und die Eieruhr.

Den Fernseher wird er nicht gleich wegwerfen, so ein großes Bild ist doch zu schön. Schließlich hat er sich nach Röhrenapparatenzeiten schnell daran gewöhnt. Unterwegs aber Fernsehen schauen zu können ist mindestens genauso faszinierend.

Das Wichtigste aber für ihn ist, dass er ständig Zugriff zum Internet hat. Jetzt kann er zu jeder Zeit Kurznachrichten empfangen. Jetzt kann er an jedem Ort auf die an ihn gerichteten E-Mails zugreifen. Jetzt kann er überall auf seine Homepage Einsicht nehmen. Er hat die Möglichkeit, immer gut unterrichtet zu sein. Na, das war doch das, was er immer wollte.

Bleibt nur abzuwarten, ob ihn nicht irgendwann die Informationsflut genauso stresst wie viele seiner Mitbürger. Aber diese Skepsis lässt er in der Euphoriephase der Neuanschaffung nicht gelten. Wer gut unterrichtet sein will, darf sich nicht nach den Zeiten zurücksehnen, als er noch kein Telefon besaß. Er trauert den Zeiten der Telefonzellen nicht hinterher. Auch wenn damals keine Mütter auf die Idee kamen, ihn noch nach der *Tagesschau* anzurufen.

Weil er weiß, was eine To-do-Liste ist

Als er sein Pädagogikstudium begann, gab es noch nicht so viele Begriffe, die der englischen Sprache entlehnt waren. Keiner sprach von To-do-Listen. Natürlich versuchte auch er, seine Vorhaben zu organisieren. Schließlich galt es auch damals schon, Semesterarbeiten rechtzeitig abzugeben und sich auf die Prüfungen vorzubereiten. Aber nie wäre er auf die Idee gekommen, seine Aufgaben zu verschriftlichen. Das hätte ihn zu sehr unter Druck gesetzt. Es reichte doch, wenn er schlecht einschlafen konnte, weil er im Halbdämmer von den Prüfern träumen musste. Da brauchte er keine Listen, die ihn noch mehr unter Druck setzten. Zu seinem Glück war der Computer noch nicht in sein Leben getreten.

Zwar musste er seine Hausarbeiten auf der »Olympia« tippen und das mit dem der heutigen Jugend unbekannten Durchschlagpapier. Schließlich benötigte er zumindest zwei Exemplare. Tippfehler waren nur schwer zu korrigieren. Er hatte noch nicht einmal eine Ahnung davon, dass es wenige Jahre später ein Gerät geben würde, auf dem man seine Texte speichern konnte. Er hätte jeden zum Spinner erklärt, der ihm vorausgesagt hätte, dass in seinem Arbeitszimmer ein eigener Drucker stehen würde. Aber die Hardware war nur das eine, die Software das andere. Am Anfang kapierte er noch, dass die Maschine nur mit Einsen und Nullen zu steuern war, aber als die Programme immer besser wurden, staunte er nur über die Genialität der Programmierer. Seit der Zeit versuchte er nicht mehr zu verstehen, sondern er beschränkte sich nur noch darauf, den größtmöglichen Nutzen aus der ihm unheimlichen Maschine zu ziehen.

Er versucht, sich »Word« und Excel« so weit anzueignen, dass es ihm privat und beruflich von Nutzen sein kann. Wenn er aber »Mapmind« von Kollegen empfohlen bekommt, hat er so seine

Schwierigkeiten. Ist ja toll, wie man eigene Projekte grafisch aufbereiten kann, aber wenn er dann seine persönliche To-do-Liste damit gestalten soll, macht sich bei ihm Unbehagen breit. Er benötigt zur Bewältigung seines beruflichen Alltags keine Listen. Schon gar keine, die ihn mit Wolken oder anderen grafischen Betonungen an seine Pflichten erinnern.

Da staunt er doch lieber darüber, wie bekannte Persönlichkeiten mit ihren To-do-Listen umgingen. Die erstellten sie nicht nur für sich, sondern auch für andere. Einstein erstellte so eine Liste 1914 für seine Frau. Sie hatte erstens keine Zärtlichkeiten von ihm zu erwarten, zweitens eine an ihn gerichtete Ansprache an ihn zu beenden, wenn er es wünschte, und drittens das Schlaf- und Arbeitszimmer sofort zu verlassen, wenn er darum ersuchte. Den Nobelpreis für soziale Interaktionen hat das Genie nie bekommen.

Marilyn Monroe verfasste eine Liste der Traummänner, mit denen sie gerne ins Bett gehen würde. Die Liste war lang. Kennedy befand sich nicht darunter.

Leonardo da Vinci, der geniale Maler und Erfinder, hatte auf seiner Vorhabenliste auch Profanes. Er wollte wissen, was geschieht, wenn man die Augenlider schließt, sie wieder hebt, sie wieder senkt und wieder öffnet.

Mit den neumodischen To-do-Listen kann sich der Lehrer gut abfinden, wenn sie, wie bei Einstein, auf andere gerichtet sind. Es überfordert ihn nur, wenn er eine solche Liste für seine Schüler erstellen sollte.

Weil er es als Glück empfindet, seinen Beruf ausüben zu dürfen

Das Glück erlebt in letzter Zeit viele Höhepunkte. Nicht dass die Menschen vermehrt äußern, dass sie diesem anheimfallen. Dem Glück wird in den Medien so viel Aufmerksamkeit zuteil wie nie zuvor. Regelmäßig melden sich neue Glücksforscher zu Wort. Die Zahl der Bücher, die sich mit dem Thema auseinandersetzen, ist groß. Es gibt die ersten Bestrebungen, die Lehre vom Glück als Schulfach einzuführen. Bleibt abzuwarten, ob diese Verkopfung den Menschen, die danach streben, wirklich hilfreich ist.

Wenn sich der Lehrer so seine Gedanken über das Thema macht, fallen ihm zuerst die Schwierigkeiten mit der Sprache auf. Was hat das eigentlich miteinander zu tun, das Glückhaben und das Glücklichsein? Zudem heißt es Streben nach dem Glück und nicht Streben nach dem Glücklichsein.

Da lohnt es sich vielleicht doch, den Glücksforschern Aufmerksamkeit zu schenken. Sie gestehen ein, dass es keine Glücksformel gibt – auch wenn die Menschheit seit jeher auf der Suche danach ist. Sie sehen ihre Aufgabe vornehmlich darin, den Zustand des Gegenteils zu verhindern: das Unglücklichsein, was bekanntermaßen nicht das Gleiche ist, wie kein Glück zu haben. Aber das ewige Streben nach einem Zustand, der sich nicht erzwingen lässt, macht die Menschen eher unglücklich. Aus der Sicht der Forscher erhöht sich die Wahrscheinlichkeit, Momente des Glücks zu erleben, mit dem Grad der Ungezwungenheit, in dem man die Zukunft kommen lässt. Das kann man auch als »Utopie-Syndrom« betrachten. Sie beklagen das ständige Rumjammern von Leuten, die sich im Optimierungswahn befinden. Genauso müßig und kontraproduktiv sind für sie die Zeitgeistklagen, die von den Medien auch noch ständig unterstützt werden. Es klingt wie eine Plattitüde, muss aus Sicht der

Forscher aber immer wieder betont werden, wenn das Erreichen von Glückseligkeit auf der Agenda eines Menschen steht: Die Jagd danach, sich ein immer größeres Stück vom Kuchen abzuschneiden, ist auf jeden Fall ein Irrweg. Dagegen kommt es darauf an, zu lieben und geliebt zu werden. Der Einsatz für die Mitmenschen ist ein Erfolg versprechender Weg.

Da kann der Lehrer wieder sein wichtigstes Instrument, die Sprache, einsetzen. Er hat enormes Glück gehabt. Er durfte Abitur machen. Er durfte studieren. Er hat eine Anstellung in dem Beruf bekommen, den er angestrebt hat. Er ist glücklich, dass er unterrichten darf. Und manchmal gibt es Momente des Glücks. Wenn einer seiner Schüler endlich etwas kapiert hat. Und wenn ihm Ehemalige in der Stadt begegnen und nicht die Straßenseite wechseln, sondern sich begeistert über ihre Schulzeit bei ihm äußern, dann hat das schon viel mit seiner bescheidenen Vorstellung von Glück zu tun.

17. GRUND

Weil er davon träumt, dass ihm die richtige PR das Unterrichten erleichtert

PR – Public Relations – heißt direkt übersetzt eigentlich »öffentliche Beziehungen«. Wann der Bedeutungswandel hin zur Öffentlichkeitsarbeit stattgefunden hat, ist nicht belegt. Aber bekannt ist, wer einer der Ersten war, die PR im großen Stil zur Manipulation genutzt haben. Bereits in den Zwanzigerjahren des letzten Jahrhunderts entwickelte Edward L. Bernays eine durchaus perfide zu nennende Methode, die öffentliche Meinung zu beeinflussen. Nicht uninteressant ist in dem Zusammenhang, dass es sich um den Neffen von Sigmund Freud handelte.

Bernays entdeckte schon in jungen Jahren, dass man das Verhalten und die Einstellungen der Menschen steuern kann, wenn man sich deren unbewusste Gedanken zunutze macht. Seinen ersten Erfolg hatte er unseren Süchten und Konventionen zu verdanken. Anders als heute, wo in vielen Gebäuden ein Rauchverbot herrscht und deshalb Heerscharen von Süchtigen in den Pausen auf der Straße an ihren Glimmstängeln saugen, galt es damals für Frauen nicht als schicklich, in der Öffentlichkeit zu rauchen. Das passte der American Tobacco Company überhaupt nicht. Diese Schicklichkeit kostete den Konzern Millionen. Der Konzern beauftragte Bernays, eine Kampagne zu gestalten. Der gab das Geld des Konzerns nicht etwa für eine aufwendige Anzeigenserie aus, sondern machte sich die Medien und die Manipulierbarkeit der Massen zunutze. Er organisierte, dass zehn junge Frauen auf der Fifth Avenue spazieren gingen und gemeinsam rauchten. Ein Reporter und ein Fotograf der *New York Times* waren instruiert. Am nächsten Tag gab es auf der Titelseite ein Bild der rauchenden Frauen und einen Artikel, dessen Überschrift »Gruppe junger Frauen raucht Zigaretten als Geste der Freiheit« lautete. Niemand erkannte das damals als Werbung für eine Zigarette. Außer American Tobacco und Bernays.

Ein weiteres Husarenstück gelang dem Verführer, als er den Auftrag eines großen US-Speckfabrikanten erhielt. Die Auftragszahlen ließen zu wünschen übrig. Wieder wählte er den indirekten Weg. Keine Reklame, sondern er instrumentalisierte das Bedürfnis der Bevölkerung nach gesunder Lebensführung. Kein einfaches Unterfangen, wenn man bedenkt, dass es um das Thema Speck ging. In seinen Überlegungen wurde ihm deutlich, wem die Leute beim Thema Gesundheit am meisten vertrauten. Natürlich den Ärzten. Also beauftragte er folgerichtig einen renommierten Mediziner, eine Befragung unter 5.000 Kollegen zu organisieren. Die einzige Bedingung war, dass das Wort »Speck« nicht erwähnt wurde. Die Befragung war schlicht in einem Satz formuliert. Ob sie auch seiner Überzeugung seien, dass ein reichhaltiges Frühstück gesünder sei als das zur Zeit übliche mit nur Kaffee und Toast. 90 Prozent stimmten zu. Dem Manipulator war es ein Leichtes, die Ergebnisse der Umfrage auf den Titelseiten zu lancieren. Auch sein Verständnis von einem reichhaltigen Frühstück wurde immer wieder zitiert: Speck und Eier durften nicht fehlen. Sein Auftraggeber zahlte gern, weil die Umsätze drastisch anstiegen.

Mit solchen Methoden gelang es ihm auch, im Auftrag des Propagandaministeriums des Volkes Meinung so zu beeinflussen, dass ein Eintritt in den Ersten Weltkrieg Zustimmung fand.

Natürlich verabscheut der Lehrer die Methoden des PR-Urgesteins, auch wenn er eine gewisse Bewunderung nicht verhehlen kann. Was wäre, wenn ein Bernays seine Fähigkeiten für das Gute einsetzen würde? Würde der Zweck die Mittel heiligen? Er lässt mal die Frage der Moral beiseite. Wäre doch fantastisch, wenn Bernays seine Fähigkeiten in die Dienste von Amnesty International stellen würde. Wenn der in der Lage wäre, ein Volk so zu beeinflussen, dass es ihren Despoten in die Wüste schickt.

Noch schöner wäre es natürlich, wenn Bernays für sein Bildungsministerium tätig wäre. Das hat augenscheinlich nicht immer die besten PR-Ideen, weil es zu oft mit dem Rücken an der Wand steht. Wenn man sich ständig wegen Mangelverwaltung verteidigen muss, leidet die Kreativität. Da wären die Tricks des Gurus hilfreich. Man stelle sich mal vor, der würde eine für alle Schüler nicht durchschaubare Kampagne entwickeln. Die Pennäler wissen gar nicht, wie ihnen geschieht. Sie gehen gerne zur Schule, sie lernen gerne und ärgern sich, dass die Sommerferien so lang sind.

Weil er zensieren darf

Der Lehrer kann nur hoffen, dass dem geneigten Leser der Zynismus der Überschrift sofort klar ist. Das Zensieren von Klassenarbeiten oder der mündlichen Mitarbeit gehört für den emphatischen Lehrer zu den unangenehmsten Tätigkeiten seines Berufes. Nicht dass er nicht die Traute hat, seinen Schülern eine ehrliche Rückmeldung zu geben. Auch hält er Noten immer noch für ein berechtigtes Beurteilungssystem, aber er tut sich schwer mit Gerechtigkeit. Er ist auch davon überzeugt, dass er die individuellen Fortschritte berücksichtigen muss. Aber seine Schützlinge sollten auch wissen, wo sie im Vergleich stehen: in der Klasse, in den Parallelklassen, in der Schule, im Bundesland und im deutschlandweiten Vergleich.

Seine Überlegungen sind müßig, denn er ist vom Gesetz her gezwungen zu zensieren. Aber warum nur tut er sich mit der Notengebung so schwer?

Die unter eine Klassenarbeit geschriebene Note erzeugt den Anschein von Objektivität. Darum bemüht sich der Lehrer auch. Er versteht den Notenschnitt seiner Klasse auch als Rückmeldung seiner von ihm geleisteten Arbeit. Deshalb ist die Verführbarkeit auch so groß, eine Arbeit im Niveau zu senken. Dann kann er sich einen guten Notenspiegel in die Tasche lügen. Aber so einer ist er ja nicht. Er ist sich selber und seiner Klasse gegenüber hart. Er gestaltet seine Tests nach Recht und Gewissen. Obwohl er weiß, wie relativ die Benotung ist. Da gibt es schon mal Kollegen, die ihr Frühstücksbrot während der Arbeit verzehren. Wenn es für die Schüler ganz gut kommt, hat er noch Ohrstöpsel drin, um seine Lieblingsmusik zu hören. Dann ist der Schummelei Tür und Tor geöffnet. Oder die Kollegen, die aus Gutmenschentum durch die Reihen gehen und den einen oder anderen Tipp geben. Entweder trauen sie ihrem eigenen Unterricht nicht, oder sie wollen den Kollegen der Parallel-klasse mitsamt seinen Schülern betrügen.

Er möchte nicht von Absurdität der Notengebung sprechen, weil er zu Zensuren steht, aber auch ihm ist bewusst, wie ungerecht das System ist. Die Auswirkungen dieser Ungerechtigkeit werden beim Abitur besonders deutlich. Zwar erreicht der Jugendliche die Hochschulreife mit dem Bestehen des Abiturs, aber die Zulassung zu allen Studiengängen an allen Universitäten hat er damit noch lange nicht sicher. Wenn er nicht gerade ein gut betuchtes Eltern-haus als Rückhalt hat, kann er sich keine Wartezeiten von meh-reren Jahren oder ein Studium an einer Universität im Ausland leisten. Medizin kann er nur studieren, wenn er einen Notendurch-schnitt von 1,2 hat. Wenn das die Regel gewesen wäre, als er Abitur machte, gäbe es heute kaum noch Ärzte. Landesweit machten nur ganz wenige Schüler ein Einser-Abitur. Selbstverständlich begrüßt er die gestiegene Durchlässigkeit, das Abitur zu erreichen. Aber er fragt sich, warum es kein bundeseinheitliches Schulsystem gibt, das die erreichten Leistungen vergleichbar machen würde. Es kann doch nicht sein, dass Schüler in Hamburg von Jahr zu Jahr einen besseren Zensurenschnitt erzielen, aber die Pennäler in Bayern viel schwerere Mathearbeiten schreiben müssen. Wenn man dann noch ein Ranking der einzelnen Schulen einführt, das die Abschluss-noten veröffentlicht, ist es offensichtlich, an welchen Schulen die Eltern ihre Kinder anmelden. In ein paar Jahren kommen dann die Studierenden der begehrten Fächer nur noch aus Bundesländern, die niedrigere Standards bevorzugen.

Solche Fragen kann sich der Lehrer natürlich stellen, aber das hilft ihm nicht bei seinem Dilemma. Nein, er ist wahrlich nicht Lehrer geworden, um zensieren zu dürfen. Außerdem könnte er gerne auf die Korrektur von Klassenarbeiten verzichten, weil das, ohne von der Öffentlichkeit wahrgenommen zu werden, Zeit und Kraft kostet.

Weil er froh ist, dass es die Prügelstrafe nicht mehr gibt

Körperliche Gewalt ist immer zu verachten. Das hat der Lehrer verinnerlicht. Zumal er das für sich als Opfer auch in Anspruch nimmt. Gerade in dieser Zeit, in der sich gewalttätige Angriffe auf Kollegen häufen. Das hat es ja schon immer gegeben, dass erboste Schüler ihren Lehrer geohrfeigt oder mit einem gezielten Faustschlag hingestreckt haben. Das landete aber selten in der Presse und nie im Internet. Das gab es ja auch vor 30 Jahren noch nicht. Aber wie kurz die Ächtung körperlicher Gewalt in der Schule erst her ist, wird ihm deutlich, als ihm ein Zeitungsartikel vom 1. April 1969 in die Hände fällt.

Aus den Schulen wird der Rohrstock endgültig verbannt. Körperliche Züchtigungen sollen nicht mehr stattfinden. Auf die körperliche Züchtigung soll jeder Lehrer verzichten. Das ist zwar erst ein paar Jahrzehnte her und müsste aus dem heutigen pädagogischen Verständnis eine Selbstverständlichkeit sein, war es aber nicht. Bis vor Kurzem hieß es noch im Hamburger Schulgesetz, dass körperliche Züchtigung ausdrücklich gestattet sei. Bei Jungen und Mädchen! Zynisch könnte man ausrufen: »Ein Hoch auf die Gleichberechtigung!«, wenn es nicht so schrecklich wäre. Die einzige Entschuldigung, die man für die damals Gesetzgebenden anführen könnte, wäre ihre eigene familiäre Erfahrung. In ihrer Kindheit war es noch üblich, dass man »einen Arschvoll« oder, wenn es gut ging, eine Backpfeife bekam. Das Übers-Knie-Legen, um versohlt zu werden, war ebenso gängig wie das Schlagen mit einer Weidenrute auf die Hände und das Ziehen an den Ohren. Apropos Weidenrute. Noch in den 50er-Jahren schickten besonders pervers veranlagte Kollegen die zu züchtigenden Schüler nach draußen, um den Weidenstock selber zu schneiden. Da mutet die Geschichte seiner Großmutter nachgerade komisch an. Sie kannte ihre Pappenheimer. Sie meinte die Lehrer, die regelmäßig schlugen. Man setzte sich nur noch gewappnet in die Schulbank. Alle trugen Zeitungen oder Bücher unter der Oberbekleidung, um sich vor der Züchtigung zu schützen.

Weil er froh ist, in der heutigen Zeit Lehrer sein zu dürfen

Manchmal hat auch ein Lehrer Glück. Freiwillig hat er die Aufgabe übernommen, die völlig vernachlässigte Lehrerbücherei neu zu organisieren. Bevor er sich Gedanken macht, wie man die Ausleihe möglichst effektiv gestalten kann, müssen Altbestände entsorgt werden. Die Schulleitung hat ihm völlig freie Hand gegeben. Er alleine darf entscheiden, was weggeworfen wird.

Er macht sich ans Werk. Zum Glück liegt die Bibliothek ebenerdig. Der Hausmeister hat einen Altpapiercontainer vor die Hauswand gestellt. Das spart Arbeit. Er braucht nur das Fenster zu öffnen, um die zu entsorgenden Druckwerke nach draußen zu werfen.

Manche Entscheidung trifft er, ohne zu zögern. Bei einigen Büchern aber kommen Zweifel auf. Da gilt es, zu blättern und flüchtig zu lesen. Manchmal muss er sich zusammenreißen, um sich nicht festzulesen. Dann säße er noch im nächsten Jahr in der Bücherei. Die Reihen lichten sich, bis er ein reichlich zerfleddertes Exemplar in die Hände bekommt: *Die Amtsführung des Lehrers*. Er hält die dritte Auflage von 1937 in den Händen. Das alte Handbuch erregt seine Aufmerksamkeit. Er fängt an zu blättern.

Er stöbert in der Inhaltsangabe des 518 Seiten umfassenden Ratgebers für alle Fragen des Volksschulwesens. Bereits dort spiegelt sich das Jahr der Herausgabe wider. Neben den unverdächtig klingenden

Kapiteln wie »Der Beamte«, »Der Unterricht«, »Die Schule«, »Die Beamtenbesoldung« finden sich Abschnitte, die aufhorchen lassen. Da findet man Überschriften wie »Schulgruppen des BDM«, »Jüdisches Schulwesen« und »Der Schulbesuch verkrüppelter Kinder«.

Er beendet seine Aufräumaktion und nimmt das antiquarische Werk mit nach Hause.

Zuerst findet er ganz nüchterne Fakten.

Immerhin betrug damals das Ruhegehalt 80 Prozent des letzten Einkommens. Das wäre für ihn heute ein Traum. Zwei Seiten später ist er wieder froh, dass er im 21. Jahrhundert sein Gehalt bezieht. 1937 bezog ein Junglehrer 2.800 Reichsmark. Im Jahr.

Das Nächste, was er findet, ist zwar auch nüchtern, aber kein Fakt, sondern eine Anweisung:

»Der deutsche Gruß in der Schule

An den Schulen ohne Lehrerwechsel ist der Hitlergruß nur zu Beginn und am Schlusse des Unterrichts zu wechseln. Die Grußverweigerung hat als Verstoß gegen die bestehende Schulordnung zu gelten.«

Ein paar Seiten später muss er feststellen, dass sich manche Probleme von damals mit den heutigen decken.

»Bekämpfung der Genusssucht

So manche Aufgabe erwächst der Schule aus den Gefahren, die den Schüler überall umgeben. Die an allen Orten aufgestellten Automaten verleiten ihn zu Verschwendung und Näscherei. Die Lichtspielhäuser bieten oft Kitsch und wirken ungünstig auf die Phantasie des Jugendlichen ein. Auch auf Tanzböden, Rummelplätzen drohen mancherlei Gefahren.«

Während er sich ein Schmunzeln nicht verkneifen kann, blättert er weiter. Sein Schmunzeln gefriert.

»Schulbesuch verkrüppelter Kinder

Die Schulpflicht verkrüppelter Kinder regelt sich nach § 4 des Grundschulgesetzes, wonach verkrüppelte Kinder vom Schulbesuch befreit werden können.

Eine Verkrüppelung liegt vor, wenn eine Person infolge eines angeborenen oder erworbenen Knochen-, Gelenk-, Muskel- oder Nervenleidens oder Fehlen eines wichtigen Gliedes nicht nur vorübergehend derart gehindert ist, dass ihre Erwerbsfähigkeit auf dem allgemeinen Arbeitsmarkt voraussichtlich wesentlich beeinträchtigt wird.

Lehrer(innen), welche bei ihren Schülern Verkrüppelungen feststellen, sind verpflichtet, diese namhaft zu machen.«

Das »Jüdische Schulwesen« klingt erst mal unverdächtig. Die *Amtsführung des deutschen Lehrers* beschäftigt sich nicht mit dem jüdischen Schulwesen, sondern zitiert die *Erste Verordnung zum Reichsbürgergesetz vom 14.11.1935*:

»Jüdischer Mischling ist, wer von einem oder zwei der Rasse nach volljüdischen Großelternteilen abstammt. Als volljüdisch gilt ein Großelternteil ohne weiteres, wenn er der jüdischen Religionsgemeinschaft angehört hat.

Nur der Reichsbürger kann als Träger der vollen politischen Rechte das Stimmrecht in politischen Angelegenheiten ausüben und ein öffentliches Amt bekleiden.

Ein Jude kann nicht Reichsbürger sein. Ihm steht ein Stimmrecht in politischen Angelegenheiten nicht zu; er kann ein öffentliches Amt nicht bekleiden.

Als Jude gilt auch, der aus dem außerehelichen Verkehr mit einem Juden stammt und nach dem 31.7.1936 außerehelich geboren wurde.«

Der Lehrer hat vorerst genug. Vorsichtig legt er zur Seite, was er durch Zufall entdeckt hat. Natürlich hat er es gewusst, aber so etwas schwarz auf weiß im Original zu lesen, hat noch eine andere Dimension. Er wird es sorgfältig bewahren, für seine Kinder und für den Fall, dass Idioten in seiner Klasse braune Parolen in den Raum grölen.

Weil er und seine Schüler Träume haben

Der Lehrer und seine Schüler haben Träume. Hier mal nicht im Sinne gemeint von: Ich möchte später mal gerne im Lotto gewinnen, Frau oder Mann, zwei gesunde schöne liebe Kinder und ein Eigenheim haben.

Hier ist der Traum gemeint, der im Schlaf auftritt. Das geht allen Menschen so, ansonsten sollte man sich schnell in ärztliche Behandlung begeben. Denn, das vermutet man, Träume sind ein Spiegelbild der Seele des Menschen. Sie finden besonders in der REM-Phase (Rapid-Eye-Movement) statt, also schnelles Augenrollen, das daran zu erkennen ist, dass das Auge sich unter dem geschlossenen Augenlid hin und her bewegt. Wenn man einen Menschen in dieser Situation aufweckt, kann er sich meistens an seinen aktuellen Traum erinnern.

Im Traum werden wohl meistens die Dinge verarbeitet, die sich vom Tag zuvor aufgestaut haben, länger oder weit zurückliegen. Die Wissenschaft meint, dass der Traum die Funktion einer Entgiftung der Seele zum Ziel hat. Im Traum ist alles möglich, denn dort lebt der Mensch seine geheimen Wünsche und Ängste aus. Es sind keine sinnlosen Gedankenschnipsel, sondern eher Muskelkaterreaktionen der Seele. Man kommt auf Dinge, auf die man nicht kommt, wenn man sich in der realen Welt befindet.

So träumt der Lehrer wiederkehrend von Schule, oder besser von seiner Zeit, als er noch an der Universität war:

Er hat mal wieder nichts für die Prüfung getan, und er weiß, er wird auch diesen Test nicht bestehen. Dafür hat er sich vorher zu lange hängen lassen. Angst beschleicht ihn. Er muss feststellen, dass der für ihn zuständige Professor ihn noch nicht einmal kennt. Dabei hat er versucht, seine Aufmerksamkeit zu erzielen, aber der hat ihn gar nicht beachtet. Er weiß auch nicht, wo er sich heute für

die Prüfung zu melden hat. Und so irrt er hoffnungslos durch den Flur der Universität, der sich schneckenartig nach oben in einen hohen Turm bewegt. Auf der Turmspitze findet er schließlich eine Tür. Er klopft an. Niemand reagiert darauf. Schließlich fasst er sich ein Herz und öffnet sie. Er steht vor einem Hörsaal, in dem schon viele Studenten sitzen und konzentriert auf ihre Blätter schauen. Der davor sitzende Professor guckt ihn irritiert feindselig an. Er scheint zu stören. So verlässt er den Raum, schließt die Tür hinter sich und stürzt über die Brüstung des Turmes in die Tiefe. Die Rettung aus dieser Situation geschieht dadurch, dass er aufwacht. Sein Puls rast. An Schlaf ist erst einmal nicht zu denken.

Auch Schüler können so ähnlich träumen. Taucht im Traum eines Schülers ein Lehrer auf, so kann das Sinnbild für Autorität sein, oder er befindet sich in einer komplexen Situation, die auch von Prüfungsängsten oder Notendruck ausgelöst sein können. Nach wissenschaftlichen Untersuchungen sollen sogar 87 Prozent der Schüler unter Schlafproblemen leiden, die durch solche Albträume ausgelöst werden.

Das muss dem Lehrer zu denken geben. Er muss noch viel achtsamer werden für die Probleme seiner Schüler, und seine Anstrengungen sollten darauf gerichtet sein, mit offenen Ohren und verständnisvoll auf seine Schüler zuzugehen, ihr Vertrauen gewinnen. Weder vor ihm als Person noch vor Situationen darf ein Schüler Angst haben. Angst blockiert das Lernen. Ist natürlich leichter gesagt als getan, vor allem, was die Situationen betrifft. Jede Form von Test ist Angst einflößend, ein Referat vor der Klasse zu halten, sich selbst an Diskussionen zu beteiligen kann für manchen schon Ängste auslösen. Solche Situationen lassen sich nicht vermeiden, damit muss der Schüler lernen, umzugehen. Daran kann er aber auch wachsen, indem er feststellt, »das hab ich gemeistert«. Aber es gibt in der täglichen Unterrichtsarbeit viele vermeidbare Situationen, die den Schüler belasten könnten. So müssen abwertende Bewertungen wie: »Na, mal wieder nicht zugehört«, »Das ist so einfach, das kann jeder Blödmann beantworten, auch du«, »Wenn du so weitermachst, kannst du später Toiletten putzen« absolut vermieden werden.

Der Lehrer muss das beste Umfeld schaffen, damit ein junger Mensch mit seinen Möglichkeiten ohne Angst hoffnungsvoll in die Zukunft blicken kann.

22. GRUND

Weil er mit seinen Schülern auch mal Stillarbeit macht

Im Grunde hat doch jeder, der in der Schule arbeitet und lernen will, das Bedürfnis, das in Ruhe zu tun. Da ist die Stillarbeit eine gute Unterrichtsmethode. Sie verlangt allerdings eine Grundvoraussetzung. Man muss in der Lage sein, für sich selbst verantwortlich zu sein. Das kann man nicht voraussetzen. Dazu muss der Lehrer den Rahmen schaffen. Regeln und Grenzen müssen von den Schülern verstanden sein. Arbeitsruhe ist Grundvoraussetzung, denn »Freiheit (in der Stillarbeit) *meint nicht, dass man tun und lassen kann, was man will, sondern Meister seiner selbst werden.*« Dieser erkenntnisreiche Satz stammt von Maria Montessori.

Die Vorteile der Stillarbeit liegen auf der Hand.

Der Schüler bestimmt sein Lerntempo. Das angebotene differenzierte Material lässt es zu, dass jeder auf seinem Niveau arbeiten kann. Da jeder für sich arbeiten soll, kann auch keiner den anderen ablenken. Man ist für sich selbst verantwortlich und kann sich nicht hinter einem Partner oder in der Gruppe verstecken, und seine produzierten Ergebnisse sagen dem Lehrer etwas über den Leistungsstand des Schülers. Teamfähigkeit wird damit allerdings nicht eingeübt, was ja wohl die Hauptforderung der modernen Gesellschaft an die Schule ist. Konzentrationsschwache Kinder könnten mit dieser Arbeitsform überfordert sein und somit für Unruhe in der Klasse sorgen.

Am Ende stellt der Lehrer fest, dass die Stillarbeit nur eine Methode von vielen ist, Abwechslung in die tägliche Suppe des Unterrichtens zu bringen. Sie ist das Salz in der Suppe, und der Lehrer sollte nicht gänzlich darauf verzichten.

Wer aber wirkliche Ruhe oder, noch besser, absolute Stille sucht, kann die natürlich nicht in der Schule finden. Dort wird er sie nicht wirklich finden können. Der sollte in seinen Ferien im Winter in den Alpen auf die Gipfel steigen, zur Not hilft ein Sessellift oder, noch besser, eine Bergbahn. Oben angekommen, bestellt er sich ein Glas Rotwein beim Almwirt in der Sennhütte. Mit dem Glas geht er hinaus. Jeder Schritt lässt den Schnee unter seinen Füßen knirschen, er setzt sich auf die Terrasse und legt die Beine hoch. Nun kann er das Bergpanorama genießen. Wie gewaltig doch die Natur ist. Der Schnee erwürgt jeden Laut und guckt zu, wie der Lehrer in der Sonne sitzt, seine Augen schließt und nur für sich ist. Seine Gedanken gehen mal wieder zu den Schülern. Ob sie diese Stille ertragen könnten? Ob sie ein Auge und ein Ohr für die Schönheiten der Natur hätten? Er kann es sich nur schwer vorstellen. Sie würden doch alle auf ihr Smartphone stieren, irgendetwas tippen und gar nicht merken, wo sie sitzen. Diese Sehnsucht nach Ruhe ist wohl doch eher eine Alterserscheinung oder das spezielle Bedürfnis von Lehrern.

Auf dem Dach des Gipfelhauses schmilzt der Schnee:

Tropf – tropf – tropf – tropf.

Jetzt aufpassen, dass nichts davon in das Weinglas fällt. Das wäre ja zu ärgerlich, wenn der Wein verwässert werden würde.

Im Ort kann er sich am Abend zwischen zwei Veranstaltungen entscheiden: Montessori oder Montanara.

Frau Doktor Gerstenkorn von der Münchner Montessori-Schule spricht in der Gastwirtschaft »Zum goldenen Stern« über das Thema: Was will die Montessori-Pädagogik?

Im Kursaal des Ortes singt der Montanara-Chor Lieder aus den Bergen. Der geneigte Leser möge dem Lehrer verzeihen, dass er sich an diesem Abend für die volksnahe leichte Musik entscheidet.

23. GRUND

Weil er sein Talent zum Schauspielern ausleben kann und soll

Jeder Mensch kann Schauspieler sein, es ist eben nur die Frage, ob es reicht, um bei dem anderen eine Reaktion oder ein Gefühl zu erzeugen. Ob man ein Talent dafür hat, kann man nur durch Ausprobieren herausbekommen. Schüler, meistens unbeachtete, die in der Hierarchie der Klasse weit unten stehen, versuchen häufig, den Klassenclown zu machen, um so Aufmerksamkeit und Anerkennung zu bekommen. Davon kann der Lehrer lernen. Sein schauspielerisches Talent sollte er entwickeln und darüber, wenn nicht schon durch Fachkompetenz erfolgt, Beachtung und Anerkennung finden. Das wäre doch schon mal was, was im Interesse des Lehrers sein sollte. Denn schließlich tritt der Lehrer vor Publikum auf, und das will unterhalten werden. Na, okay, nicht nur, das weiß sogar der Dümmste in der Klasse, dass er nicht zum Spaß hier ist. Aber gut wäre es schon, wenn man gemeinsam lachen könnte, denn das löst im Unterricht Verspannungen und Blockaden.

Was könnte sich denn eignen, um sein schauspielerisches Talent auszuspielen?

Geistreiches Verspotten von Personen kommt immer gut an. Aber allergrößte Vorsicht beim Nachmachen von Schülern! Das könnte dann leicht in die andere Richtung umschlagen, und der imitierte Schüler wird so zum Gespött der ganzen Klasse, was nun wirklich nicht im Interesse des Lehrers sein kann, denn die armen

Seelen könnten dabei berührt beziehungsweise verletzt werden. Da hört man natürlich gleich den Kritiker rufen: »Aufhören, der Lehrer hat authentisch zu sein. Schluss, aus, basta! Was soll der ganze Humbug. Unterhaltsamkeit schön und gut, aber wo bleibt denn bitte das Fach? Man ist doch schließlich in der Schule, um was zu lernen.«

Ja, ja, ist ja guhuut!

Man sollte aber nicht vergessen, dass das Lehrersein eine Rolle ist, in der körpersprachliche Signale ausgesendet werden, also mit Gestik und Mimik gearbeitet und die Sprache eingesetzt wird. Daran kommt er gar nicht vorbei. Deshalb wäre es gut, wenn man um seine Wirkung weiß. Also, Grundforderung an alle Lehrer: Lasst euch zu Schauspielern ausbilden!

Warum sollte man nicht mal in der Mathestunde ein Gedicht von Ringelnatz anbringen, meinetwegen das von dem Mann, der sich die Nase putzen will und beim Ausbreiten seines Taschentuches sich an der Ästhetik desselbigen so ergötzen kann, dass er beschließt, ungeschneuzt zu entschreiten. Oder vielleicht mal die erste Szene von Shakespeares *Macbeth* spielen und so die Hexen aufleben lassen, Donner und Blitz entstehen lassen und den Schüler in den Bann ziehen, dass es ihm nur so graust.

Was lernen wir daraus?

Richtig!

Zuerst werden Menschen unterrichtet, dann kommt das Fach. Der Schüler muss erkennen, dass auch der Lehrer zuerst ein Mensch ist. Dann wird er auch bereit sein, sich auf die Anstrengungen des Lernens einzulassen, denn Schüler müssen verführt werden zum Lernen. Da sollte dem Lehrer jedes Mittel recht sein.

Für die, die meinen, dass sie kein Talent zum Schauspielern haben, hilft nur eins: üben, üben, üben. Alles ist erlernbar, man muss nur wollen. Genau das, was man vom Schüler immer verlangt.

Weil man zufällig an einer Aktion eines Schulmuseums teilnehmen kann

»Linie rauf, Linie runter, Linie rauf, Pünktchen drauf.«

Das ist das »i« in Sütterlinschrift.

»Linie rauf, Linie runter, Linie rauf, Linie runter, Linie rauf, Welle drauf.«

Das ist das »U«, ebenfalls in Sütterlin. So wurde es gelehrt bis in die 40er-Jahre des letzten Jahrhunderts. So wird es wieder gelehrt.

Wieso das?

Der Lehrer befindet sich auf dem Gerhart-Hauptmann-Platz in Hamburg, gleich neben Karstadt. Hier macht das Hamburger Schulmuseum auf sich aufmerksam. Es hält eine »Öffentliche Schulstunde« ab, in der die kaiserliche Zeit aufersteht. Die freiwilligen Mitarbeiter des Museums möchten damit auf die katastrophale Personalsituation aufmerksam machen. Sie setzen sich für den Erhalt des Museums ein.

Auf dem Platz ist ein Klassenzimmer aufgebaut. Eine Frau in weißer Bluse, schwarzem Rock und Schnürstiefeln steht mit einem Zeigestock an der Tafel und redet auf eine kleine Menschengruppe ein, die auf Stühlen sitzt. Es sind noch einige Plätze frei. Da will er teilnehmen.

»Entschuldigung für mein Zuspätkommen, Frau Lehrerin!«, sagt er.

»Das heißt: Fräulein Lehrerin! Wiederholen!«

»Ich bitte, mein Zuspätkommen zu entschuldigen, Fräulein Lehrerin!«

Der Lehrer darf sich in eine hintere Stuhlreihe setzen und bekommt ein Namensschild umgehängt. Ab jetzt heißt er »Karl«.

»Wir heben jetzt alle die rechte Hand und rufen: ›Heil dir, Kaiser Wilhelm.‹«

Ein merkwürdiges Gefühl beschleicht ihn.

Linie rauf, Linie runter, Pünktchen drauf.

»Wie oft hast du das geschrieben, Karl?«

»Sechsmal, Fräulein Lehrerin.«

»Wie kommst du dazu, das sechsmal zu schreiben? Ich habe das nur fünfmal diktiert!«

Schuldbewusst wischt er das sechste »i« von der Schiefertafel. Er schielt zur Nachbarin, die auch sechsmal das »i« geschrieben hat. Auf ihrem Namensschild steht »Erika«.

»Fräulein Lehrerin, Erika hat aber auch sechsmal das »i« geschrieben.«

»Erika, was fällt dir ein! Ich sagte fünfmal, fünfmal, nicht sechsmal. Ist denn das so schwer. So, Erika und Karl, ihr sagt jetzt: ›Ich soll immer das machen, was die Lehrerin sagt.‹«

Sie antworten im Chor: »Ich soll immer das machen, was das Fräulein Lehrerin sagt.«

»So ist es brav, Erika und Karl!«

Obwohl jeder hier heute amüsiert eine Rolle spielt, fühlt er sich irgendwie aufgehoben. Endlich gibt es eine, die weiß, wo es langgeht. Man braucht nicht zu denken, man muss nur das machen, was das Fräulein Lehrerin will. Das ist alles.

Ja, so wurde wohl im letzten Jahrhundert der Boden für den Faschismus bereitet, Platz geschaffen für Duckmäusertum und Denunziantentum. Funktioniert immer noch.

»Und zum Abschluss der Stunde singen wir nun alle das schöne Lied: *Hoch auf dem gelben Wagen*. Friedrich, komm nach vorn und dirigiere.«

Friedrich macht das aber nicht gut, und so gerät das Lied aus den Fugen.

»Weil das alles so schlecht klappte, schreiben die Mädchen zur Strafe zu Hause 40-mal auf: ›Handarbeitsanleitungsbuch‹ und die Jungen 50-mal ›Offiziersanwärterkadettenanstalt‹.«

Karl traut sich nicht nachzufragen, warum die Jungens zehnmal mehr schreiben müssen.

Am Ende ist das Fräulein Lehrerin aber doch mit ihren Schülern zufrieden.

»Weil ihr alle so schön mitgemacht habt, erhaltet ihr heute ein Kärtchen von mir.«

Auf dem Kärtchen steht: »Beweis, dass sich dieses Schulkind heute in meiner Schule ganz besonders gut verhalten hat und recht fleißig war. Du hast Dich heute vorbildlich im Kaiserlichen Unterricht verhalten. Dafür erhältst Du dieses Fleißkärtchen.«

Ja, das Museum muss unbedingt erhalten werden, denn wer sich nicht erinnert, verliert seine Geschichte, ist am Ende nichts anderes als eine Laus, die plan- und ziellos auf der Suche nach Nahrung irgendwann kulturlos verloren stirbt.

25. GRUND

Weil er sich Oldies über Schule anhören kann

1. *Zwoa Zigarettn* von der Spider Murphy Gang (1981)
Da wird von »zwoa Zigarettn« erzählt, die jemand auf dem Schulklo mit seinem Kumpel raucht. Also auf Bairisch: »Sein bester Spezi und i«.

Oh, wie schön naiv!

2. *Wonderful World* von Sam Cooke (1960)
Kennt man irgendwie, läuft im Radio immer und ewig. Da weiß jemand nicht viel im Fach Geschichte, Bio und so weiter, aber er weiß, dass er verliebt ist, will sich aber bessern, um ihre Liebe zu gewinnen. Wie nennt man das?

Extrinsische Motivation.

3. *Zeugnistag* von Reinhard Mey (1979)
Reinhard Mey zeigt sein katastrophales Zeugnis nicht seinen Eltern. Er unterschreibt es selbst. Die Fälschung fällt auf, und seine Eltern müssen in der Schule antanzen. Und der Vater sagt, dass das zweifelsfrei seine Unterschrift sei. Glücklicherweise stellt Reinhard May am Ende selbst die Frage nach der Moral. Man muss sich natürlich auch fragen dürfen, warum er die Unterschrift gefälscht hat, wo doch das Verhältnis zu Hause so ideal war.

4. *Bad Boy* von Larry Williams (1959)
Was da nicht alles im Unterricht gemacht wurde. Reißzwecken wurden dem Lehrer auf seinen Stuhl gelegt, Kaugummi in das Haar eines Mädchens geschmiert.

Da staunt der Lehrer. Ihm wurde erzählt, dass die Schüler früher alle brav waren.

5. *Be True to Your School* von den Beach Boys (1963)
Da meinen wohl die Beach Boys, die Ehre ihrer Schule verteidigen zu müssen. Gibt es das heute noch?

6. *I Don't Like Mondays* von den Boomtown Rats (1979)
Dieser Song von Bob Geldof ist sehr dicht bei den Lehrern. Wer geht schon gerne nach einem entspannten Wochenende zur Arbeit oder in die Schule?

7. *Ich geh' noch zur Schule* von Manuela (1963)
Manuela singt herzig naiv, dass sie noch zur Schule gehen muss und deshalb keine Zeit für andere Dinge hat, denn sie möchte ja im nächsten April durch die Prüfung kommen – wenn das Schicksal es will. Ein Song, der vor den Kurzschuljahren entstand, als das Schuljahr noch im Frühjahr endete.

8. *The Hard Way* von den Kinks (1976)

Die Kinks verarbeiteten in ihren Songs viele ihrer früheren Erlebnisse. Hier singen sie von einem Schulleiter, der den damaligen Schüler Dave Davis, Gitarrist der Gruppe, böse abkanzelte. Er beschreibt ihm seine Zukunftsaussichten, dass er es in seinem Leben bestenfalls zum Straßenkehrer bringen würde. Nun, Straßenkehrer ist er nicht geworden, dafür aber ein weltbekannter Gitarrist und Sänger.

Also, immer schön vorsichtig sein mit dem, was man sagt.

9. *Eins, zwei, drei, vier, fünf, sechs, sieben*, Volksgut, Ursprung unbekannt

Eins, zwei, drei, vier, fünf, sechs, sieben
In der Schule wird geschrieben,
In der Schule wird gelacht,
Bis der Lehrer Handstand macht.

Kann man wunderbar in der Grundschule als Klatschspiel einsetzen.

10. *Don't Stand So Close to Me* von The Police (1980)

Sting spricht in diesem Song die latent vorhandene sexuelle Komponente eines jungen Mädchens zu seinem Lehrer an. Dem Lehrer muss bewusst sein, dass er Projektionsfläche sexueller Fantasien junger Mädchen sein kann. Das darf er nicht persönlich nehmen, aber er sollte darauf reagieren und die ihn Anschmachtende in ihre Schranken weisen.

Weil er Bücher über Lehrerverhalten lesen kann

So ein Buch hat Arne Ulbricht geschrieben: *Lehrer? Ein unverschämt attraktiver Beruf.* Gleich vorweg, bevor sich der Leser mit dem Buch weiter befasst, zunächst mein Urteil. Es ist ganz wunderbar.

Der Anfang ist vielleicht ein bisschen zäh, denn zunächst erfährt der Leser von der Odyssee, die der Held des Buches, also Arne Ulbricht, im Bildungsdschungel in Deutschland erlebt. Anfänglich unentschlossen, wendet er sich dem Lehrerberuf zu, wo er doch eigentlich Schriftsteller werden wollte. Nur leider interessiert sich niemand für seine Texte. Immer den Berufsstationen der Ehefrau folgend, wandert er durch die Bundesländer der Republik, lernt die deutsche Bildungslandschaft kennen, bis man ihm dann doch eine Verbeamtung anbietet. Das lehnt er ab und lässt sich als angestellter Lehrer einstellen. Er nennt seine Gründe. Komisch ist dann schon zu lesen, was für ein Shitstorm jetzt auf ihn niederhagelt. »Wie der schon aussieht! So einem würde ich nicht meine Kinder anvertrauen. Sie Arschloch. Nestbeschmutzer.« Ja, ja, wenn die Bürgerlichkeit die Maske fallen lässt. Da tun sich Abgründe auf.

Seiner These, wer Lehrer im Beamtenstatus sein will, hat sich für die Bequemlichkeit entschieden, muss man nicht unbedingt folgen.

Wie geht denn das im Lehrerberuf? Der Lehrer muss sich doch dem unbequemen Alltag stellen, Herausforderungen annehmen, sich streiten können mit Kollegen, Schülern, Vorgesetzten und Eltern. Da ist es doch völlig egal, ob man das als Beamter oder Angestellter tut. Und übrigens, auch ein angestellter Lehrer ist quasi unkündbar, ist auf der sicheren Seite.

Seine Anmerkungen zu Situationen im Unterricht wie Handy verbieten, lasst die Tafel im Klassenzimmer, seine pädagogischen Niederlagen, sein Horror vor Zensuren, das alles ist kurzweilig und erkenntnisreich zu lesen. Hier schreibt einer, der sich ernsthaft einsetzt, um dem Schüler die bestmögliche Bildung mit auf den Weg zu geben. Dabei scheitert er oft, aber verzweifelt nicht, sieht seine Fehler und begreift, dass auch Lehrer nur Menschen sind. Das ist zwar banal, aber trotzdem richtig. Angesagte moderne Unterrichtsmethoden meinen zu wissen, dass ein Lehrer, der im Mittelpunkt steht, im Weg ist. Was für ein Quatsch. Arne Ulbricht setzt genau den Gegenpol und sagt: Lehrer gehören an die Front – also vor die Klasse.

Was gibt es denn einzuwenden, wenn der Lehrer einfach nur erzählt, natürlich spannend und selbstverständlich nicht zu lange.

KAPITEL 3

DIE BERUFSWAHL

Weil er sich wenigen Prüfungen stellen muss

Was seinen beruflichen Werdegang anbelangt, musste er bisher nur zwei Prüfungen ablegen. Das erste Staatsexamen war mit viel Aufregung verbunden. Das zweite Staatsexamen aber, die Prüfung nach dem Referendariat, empfand er wegen der Komplexität als die viel größere Herausforderung. Da musste nicht nur eine praxisorientierte Arbeit geschrieben werden, er wurde auch in Schulrecht, Didaktik und Methodik seiner zwei Fächer und im Unterricht geprüft. Als er das überstanden hatte, war er sich sicher und froh, nie wieder eine Prüfung machen zu müssen. Heutzutage hat es der Lehramtsstudent bestimmt nicht leichter. Erst muss er den Bachelor machen, der ihn, nachdem er ihn erreicht hat, nicht zum Beruf des Lehrers befähigt. Dann darf er hoffen, den Master machen zu dürfen. Die Studienplätze sind beschränkt. Dann darf er noch mal hoffen, eine Anstellung zu finden. Damit hat es sich aber auch mit dem Prüfungsstress. Es sei denn, er strebt eine Karriere an. Die Wahrscheinlichkeit tendiert allerdings gen null, weil die Aufstiegsmöglichkeiten äußerst gering sind. Das hat natürlich für das Befinden eines Pädagogen die positive Folge, dass er sich für den Rest seines Berufslebens keiner Prüfung mehr unterziehen muss. Abgesehen von den permanenten Tests, die alle Unterrichtsstunden mit sich bringen. Andererseits könnte es aber auch den negativen Effekt haben, sich auf seinen Lorbeeren auszuruhen.

40 Jahre ohne den als überflüssig angesehenen Stressfaktor wollen aber auch überstanden werden. Im Laufe der Jahre erkennt er auch die Kehrseite der Medaille. Er braucht Rückmeldung. Ohne die brät er ständig im eigenen Saft. Die seltenen Belobigungen oder noch selteneren Tadel seiner Schulleitung sind ihm nicht genug. Ist ja ein schönes Gefühl, wenn ihm Schüler oder Eltern auch mal positive Rückmeldungen geben. Gelegentlich kommt es auch mit

Die Erkenntnis der Dinge ist vollkommen,
wenn sie vollständig, wahr und geordnet ist.

den Kollegen zum Austausch über Grundsätze der Klassenführung, aber die sind selten konstruktiv und nachhaltig, weil sie fast immer situationsbezogen sind. Nach einigen Jahren im Schuldienst würde er nicht sagen, dass er sich nach Prüfungen sehnt, aber irgendwie fühlt er, dass ein pädagogischer Wetzstein mal wieder seinen Unterricht schärfen müsste.

Er nimmt Fortbildungsangebote an, wann immer er kann und darf. Die sind manchmal öde, aber meistens befruchtend. Dann fühlt er sich wohl, weil er etwas für seinen schulischen Alltag gelernt hat. Rückmeldung fehlt ihm dennoch. Prüfungen, die ihm keine Noten verpassen, aber Defizite oder Gutgemachtes aufzeigen, würden ihm guttun. Er möchte es wagen, sein pädagogisches Können kritisieren zu lassen, ohne dass er Gefahr läuft, hingerichtet zu werden.

In einer Veranstaltungsreihe zur Lehrerfortbildung, die sich mit der Entwicklung der Qualität von Schule beschäftigt, wird er fündig. Gemeinsam wird ein Modell entwickelt, das schon seit Jahren in einigen Ländern erfolgreich umgesetzt wird. »Critical friends«. Bei der Begrifflichkeit »Kritische Freunde« ist man sich schnell einig. Das Übereinkommen zur Umsetzung, inklusive einer Selbsterprobungsphase, dauert zwei Jahre. Wenn man davon absieht, dass es schwierig ist, zeitliche Freiräume zu schaffen, ist das Modell ganz einfach. Zwei Schulen gehen eine Partnerschaft ein. Sie bilden Kommissionen, die die jeweilig andere Schule besuchen. Die Schwerpunkte der Begutachtung gibt die besuchte Schule vor. Unterrichtsbesuche gehören immer dazu. Nach einigen Wochen gibt es einen Bericht, der in der Schulkonferenz kommentiert wird. Der Bericht kann der Schulöffentlichkeit bekannt gegeben werden, muss aber nicht. Die Schulaufsicht ist nicht involviert. Alles basiert auf Freiwilligkeit. Wenn sich eine Schule dazu entschließt, kann sie das Modell für sich anwenden. Dann besuchen sich Kollegen gegenseitig im Unterricht. Außenstehende mögen so ein Verfahren für wenig effektiv halten, aber die wissen auch nicht, dass formale

Überprüfungen nichts mit der Schulwirklichkeit zu tun haben. Freiwilligkeit birgt die große Chance in sich, dass ein System sich wirklich weiterentwickeln will.

Der Lehrer freut sich, dass Schleswig-Holsteins Bildungsministerin kundgetan hat, das Modell der kritischen Freunde einzuführen. Und irgendwie freut er sich, dass er mal wieder die Chance hat, geprüft zu werden.

28. GRUND

Weil er sich gefordert, aber nicht überfordert fühlt

Jeder fühlt sich hoffentlich in seinem Beruf gefordert. Wer das nicht ist, hat ein trauriges, manchmal sogar krankmachendes Los gezogen. Egal ob Kopf- oder Handarbeit, der abhängig Beschäftigte oder Selbstständige fühlt sich von seinem Berufsleben nur erfüllt, wenn er gefordert wird. Kaum beherrscht er Abläufe und Tätigkeiten, sucht er nach neuen Herausforderungen. Es lebt sich gut, wenn die Ansprüche an ihn selbstbestimmt sind. Aber wehe, wenn die Forderungen nur noch von außen kommen und man ihnen nicht mehr nachkommen kann. Dann ist man überfordert.

Für alle, die mit dem Schulbetrieb nicht vertraut sind, hat der Job des Lehrers viel mit dem eines Freischaffenden gemein. Zwar müssen die Pädagogen von acht bis 13 Uhr in der Schule sein, aber der Rest des Tages steht zu ihrer freien Verfügung. Und dann noch die vielen Ferien! Dass der Unterricht heutzutage beileibe nicht für alle Kollegen um 13 Uhr endet, viele Schulen Nachmittagsunterricht haben, dass Konferenzen, Korrekturen von Klassenarbeiten und die Vorbereitung bewältigt werden müssen, wird übersehen. Das hört sich wie Wehklagen an, muss aber immer wieder betont werden, weil alle zur Schule gegangen sind. Damit fühlen sie sich wie Fachleute, die glauben, den Betrieb der Bildungsanstalten zu kennen. Dabei haben sie von den wirklichen Abläufen kaum Ahnung. Das ist höchst ungerecht, zumal er, der Lehrer, andere Berufe mit Hochachtung betrachtet. Nein, er hat nicht nur Respekt vor den Ärzten und Juristen. Er zollt auch den Malern, den Mechatronikern, den Fließbandarbeitern und den Friseuren seine Anerkennung. Dass er um sein Image kämpfen muss, hat er wahrlich nicht selber zu verantworten. Zum Glück nimmt die Zahl seiner Fürsprecher in den Medien zu.

Mit dem Stress geht es ihm genauso wie der Mehrheit der deutschen Bevölkerung. Gefühlt nimmt der seit Jahren ständig zu. Es gilt, überall wachsam zu sein. Die Verhältnisse müssen so gestaltet werden, dass dieses Gefühl nicht überbordet. Sonst haben wir bald mehr psychisch als somatisch bedingte Krankheiten. Die Tendenz ist da. Da hilft es dem Lehrer schon, wenn das Politmagazin *Panorama* seinen Sorgen eine ganze Sendung widmet. Zu guter Sendezeit wird der Film *Lehrer am Limit* ausgestrahlt. Im Mittelpunkt steht eine Reporterin, die im Selbstversuch unterrichtet. Dem Film gelingt es, Verständnis für die heutige Unterrichtssituation zu erzeugen. Auch Mitleid schwingt mit. Den Lehrer freut es, dass seinem Berufsstand Aufmerksamkeit zuteilwird. Noch mehr aber würde er sich freuen, wenn es Beiträge über gelungene Schule gäbe. Damit meint er nicht Übertragungen, in denen Schulpreise vergeben werden wie »Die beste Schule Deutschlands«. Er meint auch nicht Kinofilme wie *Fack ju Göhte*. Die Millionen von Kinobesuchern helfen zwar dem Produzenten, aber nicht ihm, dem Lehrer. Er wünscht sich Berichterstattungen, in denen deutlich wird, warum es in den Schulen überforderte Lehrer gibt. Es müsste gezeigt werden, dass diese Überforderung nur sehr selten individuell, sondern fast immer systemisch bedingt ist. Er wünscht sich Berichterstattungen darüber, dass Lehrer sich wohlfühlen, wenn sie gefordert werden. Und es sollte berichtet werden, welch positive Auswirkungen es hat, wenn sich Pädagogen nicht überfordert, sondern gefordert fühlen.

Na ja, wird er wohl nicht erleben. Ist ja auch nur gerecht. Schließlich hat er im Fernsehen auch noch keine Reportage gesehen, die den Titel: »Forderung versus Überforderung. Ein Tag im Leben eines Anstreichers« trug. Wahrscheinlich sind seine Ansprüche an die Medien einfach zu hoch.

29. GRUND

Weil er dann nicht zur Feuerwehr muss

In welchem Lebensalter die Entscheidung getroffen wird, den Beruf des Pädagogen zu ergreifen, ist sehr unterschiedlich. Bei einigen entsteht dieser Wunsch bereits im Grundschulalter. Andere wiederum sind bis zur Einschreibung an der Universität wankelmütig.

Wenn aber mal eine Entscheidung getroffen wurde, wünscht man jedem, dass er diese Entscheidung auch nach Jahren nicht bereut. Sollten beim Lehrer nach Jahren erste leise Zweifel aufkommen, hilft es manchmal, Bekannte zu befragen, die einer anderen Profession nachgehen.

Beim gemeinsamen Urlaub mit seinem Sportsfreund Stefan bekommt er in abendlicher Runde Gelegenheit dazu.

Stefan ist bei der Berufsfeuerwehr. Er kann gut erzählen. Ihm wird nach dem Abend vorgeschlagen, das alles aufzuschreiben und als Buch zu veröffentlichen. »Überleben bei der Feuerwehr« wäre ein passender Titel. Auch der Lehrer hört gebannt zu. Besonders zwei Geschichten bestärken ihn in seiner Überzeugung, in der Schule richtig aufgehoben zu sein. Er ist geradezu dankbar, dass er nicht den Weg zum Berufsfeuerwehrmann gefunden hat.

Auf die Lacher auslösende Frage von Gaby, ob Stefan eigentlich noch etwas anderes mache außer Feuer, beginnt der mit seiner Aufklärung:

»Glaubt man nicht, dass wir nur Feuer löschen. Du kannst dir gar nicht vorstellen, wie oft wir zur Tierrettung gerufen werden. Da vergeht keine Woche, in der wir nicht ausrücken, um eine Katze vom Baum zu holen oder ein Eichhörnchen aus einem Siel zu befreien. Meistens können wir helfen, aber manchmal enden solche Einsätze auch tragisch. Letztes Jahr wurden wir auch wegen einer Katze gerufen. Eine junge Studentin war ganz verzweifelt. Ihre Katze war in der Wohnung, die sie gerade mit ihrem Freund neu bezogen hatte, verschwunden. Wir rückten mit einem Viererzug aus und wurden im dritten Stock an der Wohnungstür schon sehnlichst erwartet. Auf unsere Nachfrage, wie denn eine Katze **in** einer Wohnung verschwinden könne, wurden wir aufgeklärt. Trotz der Schluchzer erklärte sich für uns die Sachlage.

Sie wollte mit ihrem Freund das Wohnzimmer tapezieren. Da war die äußerst schwere Nachtspeicherheizung im Weg, weil sie direkt an der Wand stand. Gemeinsam rückten sie das Gerät zur Seite. Damit das Zurückstellen leichter ging, wurde die Heizung leicht angekippt, und ihr Freund schob Keile darunter. In der Nacht hörten sie zwar ein Geräusch, machten sich aber keine Gedanken. Am nächsten Morgen aber mussten sie feststellen, dass die Heizung die labile Stellung ausgenutzt und sich einfach flach gelegt hatte. Da die Katze nicht zu finden war, hatten sie vermutet, dass sich ihr geliebtes Haustier unter der Heizung verbarg. In ihrer Verzweiflung, weil zum einen das Gerät nicht zu heben war und sie schlimmste Befürchtungen hatten, fiel ihnen nur die 112 ein.

Weil ich ihre Befürchtungen teilte, hab ich die Studentin erst mal ins Nachbarzimmer geschickt. Dann haben wir zu viert die Heizung angehoben. Die Vorahnung war leider richtig. Die Katze hatte es voll erwischt. Da war nichts mehr zu machen. Die war so platt, dass sie mehr einem Teppichvorleger als einem Lebewesen ähnlich war. Ich hab dann die Studentin vorsichtig informiert. Ich konnte sie zwar nicht trösten, aber zumindest überreden, dass wir ohne ihre Anwesenheit für den Abtransport sorgen durften.«

Der Lehrer weiß nicht so recht, welches Gefühl bei ihm überwiegt. Da ist einerseits das Staunen über die Skurrilität der Geschichte, aber andererseits das Grausen bei der Vorstellung, selber so eine Situation erleben zu müssen. Gott sei Dank hat er keine Katze. Er kommt nicht dazu, seine Gefühlswelt zu ordnen, denn Stefan setzt noch einen drauf.

»Wir haben natürlich nicht nur mit Tieren zu tun. Aber wenn ihr denkt, dass wir sonst nur zu Feuern gerufen werden oder bei Unfällen ausrücken müssen, dann hab ich noch 'ne Überraschung für euch. Auf unserer Wache ist mein Spitzname *Cocky*.« Wenn er damit fragende Blicke auslösen will, ist ihm das gelungen.

»Das kommt einfach davon, dass ich schon dreimal aus dem gleichen Grund zum Krankenhaus gerufen wurde. Seitdem gelte ich als Spezialist. Ich geh mal davon aus, dass ihr alle wisst, was ein *Cockring* ist. Ich will euch nicht mit Einzelheiten langweilen, aber mein Einsatz im letzten Jahr war schon nicht so einfach. Da sind wir in die Uniklinik gerufen worden. Der behandelnde Arzt wusste sich nicht zu helfen. Er empfing uns und führte uns ohne weitere Informationen zu seinem Behandlungszimmer. Nach kurzer Begrüßung seines Patienten schlug er das Laken zurück, und mir wurde klar, warum man uns gerufen hatte. Das arme Schwein hatte einen Ring um seinen Penis, den er nicht mehr entfernen konnte. Wie gesagt, ich als Spezialist erkannte sofort, dass da mit einem Bolzenschneider nichts zu machen war. Der Ring war aus Titan. Nach kurzer Rücksprache mit meinen Kameraden hab ich aus dem Mannschaftswagen die kleine Flex geholt. Dem armen Schwein haben wir dann erst mal die Augen abgedeckt und Stöpsel in die Ohren getan. Dann hab ich mich ans Werk gemacht. Der Arzt und meine Mannschaft haben dann mit Eisbeuteln für Kühlung gesorgt. Außerdem versuchten sie, mit feuerfesten Tüchern das Schlimmste zu verhindern. Ich war erfolgreich. Die kleinen Kollateralschäden waren zu vernachlässigen. Zumindest hat sich das arme Schwein bei uns herzlich bedankt.«

Den Lehrer bringt Stefans Geschichte nicht in ein Gefühlschaos. Er ist sich zumindest im Moment einfach nur sicher, den richtigen Beruf ergriffen zu haben.

30. GRUND

Weil man als Lehrer abgesichert ist

Einen Lehrer beruhigt die Gewissheit, dass er ziemlich wahrscheinlich, wenn denn nicht alles den Bach runtergeht, davon ausgehen kann, dass ihm sein Gehalt, seine Pension bis zu seinem Lebensende ausbezahlt wird. Das gibt ihm die nötige Ruhe, um die Welt in Gelassenheit zu beobachten.

Seine Tochter muss da ganz andere Hürden überwinden, um ihr Leben zu bewältigen. Sie muss sehen, dass Geld ins Haus kommt, und muss ihre kleine Tochter versorgen.

Die Arbeit, die seine Tochter macht, gefällt ihr sehr. Die Arbeitsatmosphäre ist gut, sie und ihre Kollegen sind über die Jahre Freunde geworden. Es könnte nicht besser sein.

Nun ist ihr letzte Woche gekündigt worden. Aus heiterem Himmel, ohne Vorankündigung. Man braucht sie im Moment nicht. Es sind zu wenige Aufträge für die Firma im Sack. Ja, es tut ihnen auch sehr leid, gerade weil sie so eine hervorragende und kompetente Mitarbeiterin ist. Es ist nun leider ein Engpass eingetreten. Ein Großkunde hat seine Verbindungen ohne weitere Erklärungen abgebrochen. Als Halbtagskraft mit Kind besteht immer eine gewisse Unsicherheit. Sehr wahrscheinlich muss noch weiteren Mitarbeitern gekündigt werden.

»Hier ist Ihre schriftliche Kündigung, die Sie dann bitte gleich unterschreiben. Dann können Sie sich beim Arbeitsamt melden. So erhalten Sie schnellstmöglich Ihre Arbeitslosenunterstützung. Sie haben ja noch 14 Tage Urlaub. Den sollten Sie jetzt in Anspruch nehmen, und dann brauchen Sie danach hier nicht mehr zu erscheinen. Wir wünschen Ihnen für Ihr weiteres Leben alles Gute.«

Herr Marx sagt, dass Arbeit immer unter dem Zwang steht, Gewinn zu bringen, ansonsten findet sie nicht statt. Das hat zur Folge, dass Arbeitsanforderungen immer höher gedrückt werden müssen und Entlassungen notwendig sind. Also ist Arbeitslosigkeit die notwendige Konsequenz gewinnorientierter Überlegungen.

Frau Merkel sagt, dass die Sozialabgaben der Betriebe herabgesetzt werden müssen, um wieder schwarze Zahlen schreiben zu können, damit mehr Leute eingestellt werden können, denn wir brauchen Arbeit, Arbeit, Arbeit …

Der Rentner im Café sagt: »Die jungen Leute heutzutage kriegen nichts mehr gebacken. Das war früher ganz anders. Man muss nur wollen. Dann kriegt man auch Arbeit.«

Seine Tochter sagt: »Ich hab die Nase voll! Ich brauch jetzt frische Luft, muss durchatmen. Ich fahr nach Dänemark, bade in der Nordsee, guck dem Sonnenuntergang zu und freu mich, dass ich so ein wunderbares Kind habe. Es wird sich schon was Neues finden.«

Der Lehrer sagt nichts, er macht sich Sorgen um seine Tochter. Er ist dankbar, Beamter zu sein.

31. GRUND

Weil er am Tag seiner Pensionierung auf 40 Berufsjahre zurückblicken kann

In all den Jahren hat der Lehrer circa 14.000 Arbeiten korrigiert, 1.500 Zeugnisse geschrieben, 100 Elternabende gemacht, an 700 Lehrer-, Fach- und Schulkonferenzen teilgenommen. Fast ein Jahr war er auf Fortbildungsveranstaltungen, etwa sieben Jahre hatte er

Ferien, oder besser, unterrichtsfreie Zeit, über 300 Lehrer hat er kommen und gehen sehen.

Ein gutes halbes Jahr war er auf Klassenfahrt, von List bis Oberammergau, wobei Oberammergau von dem Lehrer so oft angesteuert wurde, dass der Bürgermeister des Ortes die Jesusrolle im Jahr 2020 an ihn vergeben wollte. Na, ob das wohl stimmt. Jesus war schließlich ein junger Mann, als er starb.

Circa 37.000 Stunden hat er gehalten, 3.500 Schüler hat er beeinflusst, hat fast alle Fächer unterrichtet, ein halbes Jahr sogar Musik, dabei hat er sich getraut, die Nationalhymne vorzusingen. Eine Schülerin kriegte dabei einen Lachanfall.

Ja, das sind so die kleinen Verletzungen, die man in diesem Beruf ertragen muss.

Irgendwie, irgendwann fiel ihm auf, dass er sich wiederholte. Andererseits, wie oft wiederholt die Frau an der Supermarktkasse sich in ihren Tätigkeiten? Und auch ein Zahnarzt tut in den meisten Fällen immer das Gleiche. So gedacht, kann der Lehrer nur demütig feststellen, dass es eine Gnade für ihn war, das tun zu dürfen, was er getan hat.

Was ist aus seinen Schülern geworden?

Ein paar wenige sind auf die schiefe Bahn geraten. Und da ein Lehrer seine Schüler für immer in seinem Herzen bewahrt, hat er sie auch in den Gefängnissen besucht. So hat er im Laufe der Zeit fast alle Gefängnisse von Neumünster bis Celle kennengelernt. Auch eine Erfahrung, die nicht jeder macht.

Die meisten seiner Schüler haben handwerkliche Berufe ergriffen. Sie haben, wie sagt man so schön, ihren Platz in der Gesellschaft gefunden.

Als er vor 40 Jahren an seiner Schule anfing, war er auch auf der Suche. Zunächst wollte er sofort wieder weg, die Leute erschienen ihm alle so alt, so altmodisch und stur. Einer erzählte ständig was von seinem Russlandfeldzug, und ein anderer wollte ihm immer seine tolle Biosammlung zeigen. Ein Lehrer spielte Geige, wenn das neue Gehalt da war, und fast alle erzählten dem Lehrer, was für einen Scheißunterricht er machen würde. Die Listen wurden nicht richtig geführt, man wäre zu nett zu den Schülern. Die würden bei ihm ja über Tische und Bänke gehen. Er war ihnen wohl zu jung und zu unreif, wobei festgestellt wurde, dass er doch bitte schön bereits 25 sei – unausgesprochen: Da wird es nun mal endlich Zeit, erwachsen zu werden. Nach und nach merkte der Lehrer, dass die anderen auch nur mit Wasser kochten und nicht im Besitz der pädagogischen Weisheit waren. Das beruhigte enorm.

Inzwischen ist er der Älteste. Er hat den jungen Leuten glücklicherweise nichts von irgendwelchen Feldzügen erzählen können, eher was von seinem tollen Fotolabor, von Rolling-Stones-Konzerten oder von Jimi Hendrix, als er auf Fehmarn sein legendäres Konzert gab.

Einige der jüngeren Kollegen werden bestimmt manchmal gedacht haben: Meine Güte, das ist aber auch ein komischer Kauz, ganz dicht ist der nicht.

Aber besser so, als nur als graue Maus wahrgenommen zu werden.

32. GRUND

Weil er immer wieder Weisheiten über Schule lesen kann

John F. Kennedy
»Es gibt nur eins, was auf Dauer teurer ist als Bildung, keine Bildung.«

Jean Paul
»Viele Lehrstunden hintereinander heißt, in einem fort säen, sodass nichts wachsen kann; und mit der Saat die Ernte ersticken.

Solange ihr die Uhr aufzieht, geht sie nicht.«

Georg Wilhelm Friedrich Hegel
»Das Urteil, das die Schule fällt, kann so wenig etwas Fertiges sein, als der Mensch in ihr fertig ist.«

Oscar Wilde
»Für mich gibt es Wichtigeres im Leben als die Schule.«

Norbert Blüm
»Es kann nicht der Sinn von Bildung sein, dass jeder Einsteins Relativitätstheorie erklären, aber keiner mehr einen Wasserhahn reparieren kann.«

George Orwell
»Der beste Lehrer ist der, der sich nach und nach überflüssig macht.«

Und wer jetzt immer noch nicht genug von coolen Sprüchen über Schule und Bildung hat, sollte sich das Gedicht *Ritter Fips und die Schule* von Heinz Erhardt zu Gemüte führen. Sehr komisch!

33. GRUND

Weil er mit seinen Schülern auf Fahrt geht

Klassenfahrten müssen sein, denn hier, das weiß der Lehrer, kann auf besondere Weise dem Auftrag der Schule, pädagogisch nachhaltig zu wirken, in idealer Weise entsprochen werden, denn im schulischen Alltag herrscht meist Erlebnisarmut vor. Das tägliche Stundenplankarussell lässt fast keinen Platz für Spontaneität, gibt kaum eine Chance, aus dem Alltagstrott herauszukommen.
   Also, Klassenfahrt!

Wenn der Lehrer Schüler fragt, was sie reizvoll an Klassenfahrten finden, dann hört er: »'Ne Woche meine Mutter nich sehn.«

»Die Mädchen nachts besuchen.«

»Endlich mal kein Unterricht!«

»Mit meinen Kumpels den ganzen Tag rumhängen.«

»Alles. Aber Aysche kommt nich in mein Zimmer! Sonst bleib ich zu Haus.«

Wenn der Lehrer sich selbst fragt, was er reizvoll an Klassenfahrten findet, dann weiß er: Er verhält sich anders. Er ist nicht mehr der Stoffvermittler für 45 Minuten, sondern er kann sich von einer völlig anderen Seite zeigen und somit den Schülern auf andere Art begegnen und näherkommen. Und sein wichtigstes Argument: Er meint, dass der Klassenzusammenhalt durch eine solche Unternehmung erheblich gefördert wird. Gemeinsames Erleben schweißt zusammen.

Ein besseres Lernziel kann es doch gar nicht geben.

Also, auf, es gibt kein Halten mehr.

Doch wohin?

Ins Ausland?

Ja, klar, je weiter weg von zu Hause, je exotischer, umso besser, denn nur dort warten aus Schülersicht viele spannende Erlebnisse.

Na wunderbar. Das wollen doch alle.

Will das auch der Lehrer?

Und was kostet das alles?

Wie viel darf so eine Unternehmung kosten?

Der Lehrer muss abwägen, muss kalkulieren, was ist seinen Schülern, den Eltern zuzumuten.

Eine Klassenfahrt kann billig oder teuer sein. Das liegt alles im Auge des Betrachters. Er orientiert sich bei Kollegen und liest wie immer die Zeitung. Dort wird von einer Klassenfahrt berichtet, die vom Staat mit 38.085 Euro unterstützt wurde. Hallo, was ist das denn?

Der Lehrer wird neugierig. Was ist passiert?

Die Klasse ist nach New York gereist: 2.189 Euro für Flug und Unterkunft, 140 Euro für Verpflegung und 210 Euro für Nebenkosten. Die Schüler stammen aus sozial schwachen Haushalten, deshalb der Zuschuss aus dem »Bildungs- und Teilhabepaket« der Stadt Berlin. Der Schulleiter unterschreibt den Antrag, die Eltern reichen ihn bei ihren Jobcentern ein. Dort wird der Zuschuss bewilligt. Die Schüler sind erfreut. Herr Kraus vom Bund der Steuerzahler ist nicht erfreut: »Mit einer Reise nach New York ist der Bogen eindeutig überspannt.« Der Schulleiter meint: »Ich würde das heute nicht mehr genehmigen.«

Bleibt die Frage, wer hat denn die Fahrt überhaupt angeleiert?

Doch wohl der Klassenlehrer. Der war bestimmt der Schülervorstellung oder Schülerforderung gefolgt: Nur wer mal in New York war, kennt die Welt. Weit weg von zu Hause, spannende Erlebnisse sind zu erwarten. Die Frage bleibt aber, ob solch ein Unternehmen pädagogisch wirklich sinnvoll ist.

Der Lehrer erinnert sich an seine eigenen Klassenfahrten als Schüler, wo es unter anderem nach Pelzerhaken ging, Pelzerhaken auf Fehmarn, bei Regen, Sturm, Pfefferminztee und altem Weißbrot. Wo man so schnell wie möglich wieder nach Hause wollte.

Schon gut möglich, dass diese Fahrt für die Schüler ein großes, lebensprägendes Ereignis wird. Aber auch eine Reise nach New York ist nicht davor gefeit, dass es dort regnet, stürmt und das Essen im Youthhostel nicht den Vorstellungen entspricht und man sich sowieso alles viel geiler vorgestellt hatte. Und dann diese Sprache, kein Wort versteht man, das ist doch kein Englisch. Nur die Jeans sind hier günstiger. Obwohl Chanice bestimmt weiß, dass im Outlet zu Hause die Jeans genauso billig sind. So hatte man sich das nicht vorgestellt mit New York. Da könnte ganz schnell die Einstellung aufkommen, dass man wieder nach Hause will.

Diese Erfahrung könnte da doch auch eine Klassenfahrt nach Pelzerhaken auf Fehmarn erfüllen. Das hat den Vorteil, dass es erheblich weniger kostet.

Weil die Prügelstrafe abgeschafft wurde

Das körperliche Bestrafen hat nicht nur in Deutschland eine lange Tradition. Schon in der Bibel wird es für sinnvoll erachtet. So ist im Neuen Testament, im Brief an die Hebräer, Kapitel 12, zu lesen: »Mein Sohn, achte nicht gering die Züchtigung des Herrn und verzage nicht, wenn du von ihm bestraft wirst. Denn welchen der Herr liebt, den züchtigt er.«

Mit der biblischen Rechtfertigung im Rücken machte man sich im Mittelalter brutale Formen zu eigen, wie das Abschneiden von Körperteilen: Ohren, Finger, Hände, Füße, Zehen und so weiter. Auf das Rad flechten und Blenden war auch üblich, angewendet bei den Leibeigenen, Sklaven, Ehefrauen, Soldaten.

Die Gesellschaft von heute ist nun im Begriff, von solchen erzieherischen Maßnahmen abzusehen, und schreibt das auch ins Gesetz.

Das Recht, seine Ehefrau zu verprügeln, wurde 1928 abgeschafft. Kinder dürfen seit dem 2. November 2000 nun auch von ihren Eltern nicht mehr geschlagen werden. Im »Gesetz zur Ächtung von Gewalt in der Erziehung« steht nun:

»Kinder haben ein Recht auf gewaltfreie Erziehung. Körperliche Bestrafungen, seelische Verletzungen und andere entwürdigende Maßnahmen sind unzulässig.« Das hat der Bundestag gegen die Stimmen der CDU/CSU beschlossen.

Davor war es in der Erziehung über Jahrhunderte ein übliches Mittel, mit Gewalt den Schüler gefügig zu machen:

Ohrfeigen geben,

an den Ohren, an den Haaren ziehen,

mit dem Rohrstock, mit einem Lederriemen, mit dem Lineal schlagen,

Ziel der körperlichen Züchtigung war in erster Linie das Gesäß.

Auch mit Wurfgeräten wurde gestraft, als Beispiel: Kreide, Kugelschreiber oder Schlüsselbunde.

Auch das Schlagen mit einer dünnen Gerte auf ausgestreckte Hände war gebräuchlich. Jungen wurden dreimal häufiger geschlagen als Mädchen.

In den USA ist körperliche Züchtigung unter anderem auch heute noch in Texas üblich. Eltern können dagegen nicht vorgehen. Lehrer brauchen keine Rechtfertigung für ihr Handeln abzugeben. Und so erzeugt Gewalt wieder Gegengewalt. Amokläufer sind ein Zeichen dafür. Daraufhin dürfen Lehrer dort seit Kurzem mit einem Schießeisen in der Schule erscheinen. Man muss sich ja wehren können.

Amerika, du hast es besser?

Nein. Der Lehrer ist froh, dass er in Deutschland lebt, denn er weiß, wer Kinder schlägt, vermittelt ihnen, dass man Konflikte gewaltsam lösen kann. Ein Kind, das so was erlebt, wird sich dieses Verhalten aneignen und später als Erwachsener auch wieder anwenden. Ein Teufelskreis.

Am Abend läuft im Fernsehen ein *Tatort* mit Til Schweiger. In 90 Minuten erschießt er gefühlte 20 Gangster und zeigt, dass Gewalt doch eine Lösung ist.

Was lernt der Lehrer daraus?

Gegen die Medien ist schwer anzukommen.

Aber der Lehrer muss zugeben, spannend war der Film schon.

35. GRUND

Weil er die Ferienregelung verbessern möchte

Der Lehrer weiß ja selber, dass alle außerhalb des Schulbetriebs die Neidkappe aufhaben, wenn es um die Länge der Schulferien

geht. Wenn beim Small Talk offenkundig wird, welcher Profession er nachgeht, braucht er nicht lange zu warten, bis Halbtagsjob und die unendlich langen Ferien angesprochen werden. Dann gilt es, bloß nicht in die Falle zu tappen, denn jeder Versuch der Rechtfertigung endet mit einem geheuchelten, verständnisvollen Lächeln des Gesprächspartners. Einem »Ach so« folgt bei Selbstständigen meist ein Mitleid heischendes »Na ja, ich arbeite 70 Stunden in der Woche und gönne mir nur zehn Tage Urlaub im Jahr«.

Wenn es optimal läuft, weiß der Lehrer einiges über das Freizeitverhalten des so Geschundenen. Er fragt sich, wie die Hobbys Golfen und Segeln mit der Aussage zu vereinbaren sind. Ganz zu schweigen davon, dass sein Gegenüber im letzten Frühjahr zwei Wochen in der Karibik zum Schnorcheln weilte und im Herbst drei Wochen lang Südafrika besucht hat. Aber ganz Pädagoge, weiß er seinem Bedauern Ausdruck zu verleihen.

Der Lehrer weiß sehr wohl zu schätzen, dass er Ferien genießen darf. Aber ein bisschen neidisch ist er schon auf diejenigen, die ihre Urlaubszeit zeitlich flexibel gestalten können. Nicht dass die Ferien wegen des Wetters ungünstig liegen, aber wenn er die Kosten außerhalb der Ferienzeiten vergleicht, kommen ihm regelmäßig die Tränen. Ob er nun in den Schwarzwald fahren, auf Mallorca ein paar Sonnentage verbringen oder in der Ostsee mit der Familie baden möchte, die Reiseprospekte lassen ihn verzweifeln. Auch die Suche im Internet hilft ihm nicht weiter. Das Ferienhaus in Dänemark, das Hotel in der Türkei oder der Campingplatz am Gardasee sind zwei- bis dreimal so teuer zu den Zeiten, wenn er verreisen könnte.

Es gibt eine Spezies, die sich des Lehrers Klagen anschließen kann. Das sind die Eltern, die schulpflichtige Kinder haben. Zusammen mit ihnen müssten die Lehrer eine Lobby bilden: Steuerermäßigung für alle, die mit ihrem Urlaub an die Ferienzeiten gebunden sind. Dann könnte auch der Lehrer preiswert verreisen.

Weil er über sein Gehalt nachdenken darf

Jeder Lehrer ist glücklich, wie wohl jeder andere Arbeitnehmer auch, wenn er sein erstes Gehalt überwiesen bekommt. Natürlich weiß auch er, dass Brutto nicht gleich Netto ist, aber trotzdem freut er sich nach den acht bis zehn Semestern Studium und dem anschließenden Referendariat, dass sich etwas über 2.600 Euro auf seinem Konto befinden. Damit reicht er zwar nicht an den deutschen Durchschnittsverdienst von 3.400 Euro heran, aber viele von denen haben auch schon viele Arbeitsjahre mehr auf dem Buckel. Immerhin bleibt ihm die Hoffnung, dass er nach 40 Jahren fast 3600 Euro netto verdienen könnte. Natürlich könnte er auch noch darauf setzen, dass er Karriere macht, aber mehr als zwei Gehaltsstufen wären dann auch nicht drin.

Nach dem Glücksgefühl des ersten Gehaltseingangs vergehen die Jahre. Vielleicht gründet der Lehrer eine Familie, oder die Ansprüche steigen ganz von alleine. Das neue Auto oder die größere Wohnung wollen bezahlt werden. Da richtet sich schon mal die Aufmerksamkeit auf die Umwelt. Wie geht es denen eigentlich? Die Rentner denkt er sich einfach weg. Da hofft er doch, dass ihn seine Pension nicht an die Grenze der Armut treibt. Aber wenn er zum Friseur geht, denkt er beim Trinkgeld daran, dass seine nette Haarschneiderin froh sein kann, wenn sie ein Drittel seines Einkommens hat. Natürlich hat er ein Studium hinter sich. Das hat doch aber gar nicht wehgetan. Im Gegenteil. Wie sehr hat er schon in der Zeit des Uni-Besuches diejenigen bedauert, die ihr Leben nicht so selbstbestimmt verbringen durften wie er.

Manchmal trifft er aber auch auf junge Leute, die bei einer Unternehmensberatung arbeiten. In alkoholschwangeren Momenten lassen sie schon einmal durchblicken, dass sie unter einem Jahresgehalt von 200.000 Euro gar keinen Anlass sähen, morgens aufzustehen.

Sein Gedankenspiel kann der »arme« Pädagoge natürlich noch weiter treiben. Sofort fällt ihm der Bundesliga-Fußballspieler ein, der am Tag fast so viel verdient wie er im ganzen Jahr, der Golfspieler, der pro Schlag die Hälfte seines Monatsgehalts einsackt.

Noch skurriler wird es, wenn er bedenkt, welches Vermögen die Superreichen angehäuft haben.

Wenn er überlegt, dass er von seinem Gehalt bei sehr sparsamer Lebensweise im Jahr 10.000 Euro zurücklegen könnte, müsste er nach dem heutigen Stand fünf Millionen Jahre arbeiten, um das Vermögen von Bill Gates anzuhäufen. Na gut. In Deutschland gibt es zurzeit 123 Milliardäre und 19.000 Multimillionäre. Das ist ein hochgerechnetes Vermögen von einer Billion Euro. So eine Zahl sagt einem nichts mehr. Aber bei einer Umverteilung würde das immerhin jedem Arbeitslosen 500.000 Startkapital ermöglichen.

Diese Zahlenspiele helfen dem Lehrer bei seinen Befindlichkeiten nicht weiter. Es könnte mehr Geld sein. Es könnte immer mehr Geld sein. Aber wenn er an alle Arbeitstätigen und an den Mindestlohn denkt, weiß er sich gut aufgehoben. Er weiß aber auch: Ein hohes Gehalt haben andere.

Da freut er sich doch, wenn er in der Quiz-Show *Wer wird Millionär?* einen 45-jährigen Lehrer erleben darf, der auf die Frage des Moderators, was er denn mit dem Gewinn von einer Million machen würde, ganz lapidar antwortet: »Ich bleib natürlich in der Schule. Ich bin unheimlich gerne Lehrer.«

Weil er seine Persönlichkeit und seinen Humor einbringen kann

Ein junges menschliches Wesen zum Lernen anzuregen, sich in der Welt zurechtzufinden, ist eine große Forderung, die die Gesellschaft an den Lehrer stellt. Da ist es gut, wenn er begreift, dass die Schule eine lange Reise ist, eine Reise mit vielen Entbehrungen, aber auch mit viel Spaß, denn Schule ist kein 100-Meter-Lauf, sondern ein Marathon.

Schüler gehen in die Schule, weil sie dazu gezwungen werden. Häufig ist ihre Einstellung zum Lernen deshalb nicht unbedingt optimal, aber Schüler lernen immer und ewig. Leider nicht immer das, was sich der Lehrer gerne wünschte. Um das zu schaffen, muss er bestimmte Voraussetzungen erfüllen.

Ein Aktivposten, den ein Lehrer in die Klasse bringen kann, ist seine hoffentlich ausgeprägte Persönlichkeit, die es ihm ermöglicht, anregend und motivierend für die Schüler zu sein. Und wenn es eng wird im täglichen Einerlei des Unterrichtens, weil mal wieder außer- oder innerschulische Probleme den Weg verstellen, hilft es, wenn er viel Humor hat, weil er mal wieder mit dem scheitert, was er sich für den Tag vorgenommen hat.

Der Lehrer sollte sich eine Kiste anlegen, in die er alle Kuriositäten des Schulalltags hineinpackt: Entschuldigungsschreiben, Aufsätze, Zettel, die nicht für seine Augen bestimmt sind. Ein Notizbuch ist gut, in dem man die Skurrilitäten des Schulalltags aufschreibt.

Beim Lehrer sollte der Spaß des Unterrichtens im Vordergrund stehen. Das ist unverzichtbar. Wie bereits erwähnt, muss er auch Schauspieler sein, dem es gelingt, den Vortrag einer Geschichte so zu bringen, dass dem Schüler gar nichts anderes übrig bleibt, als sich mit der Thematik des Vortrages auseinanderzusetzen.

Das geht am besten, wenn er seine Überzeugungen vorlebt. Das könnte er unter anderem mit seinen Lieblingsgedichten erreichen, wenn er etwas von Ernst Jandl vorträgt, meinetwegen »*auf dem land*«, wo die

hunununununununDE
bellellellellellellellEN

und die

hummummumummummummmummummummummELN
brummummummummummummummummummEN.

Vielleicht schafft er es ja durch seinen Vortrag, dass ein Schüler auch einmal auf die Idee kommt, Gedichte zu lesen oder sogar zu schreiben. Das wäre doch ein großer Erfolg.

Man sollte sich auch nicht scheuen, wenn es der Sache dient, dummes Zeug zu machen. Haare muss man deshalb noch lange nicht rot, gelb oder grün färben, er soll sich ja nicht anbiedern. Eine rote Clownsnase macht es auch. Die sollte er aber nicht zu häufig aufsetzen, das nutzt sich schnell ab. Vor allen Dingen dann, wenn die Situation, in der man sich befindet, völlig humorlos ist. Für den Clown in ihm sollte aber immer Platz sein.

In welchem Beruf hat man so viele Möglichkeiten, sich so auszuleben.

Lehrer? Ein unverschämt attraktiver Beruf!

38. GRUND

Weil man nach Brasilien fahren kann

Auch ein Lehrer fährt gerne in den Ferien weg. Kann ruhig mal ein wenig weiter weg sein. Warum tut er das aber oft mit schlechtem Gewissen? So, als wenn ihm das nicht zusteht.

Vielleicht sagt er: »Was denken denn die anderen über den Lehrer, Leute, die weniger Urlaub haben?«

Ja, was denken die denn?

Völlig wurscht sollte ihm das sein und vor allen Dingen, was ist denn das für ein Selbstbewusstsein?

Klar, der Lehrer hat Ferien, im Sommer sogar sechs Wochen! Also fast – denn in der letzten Woche der Ferien finden schon wieder Konferenzen, Auf- und Umräumaktionen und Teambesprechungen statt.

In einigen Kollegien will man am letzten Schultag noch einmal nett beisammensitzen. Alle? Was für ein Stress! Der Lehrer scharrt mit den Hufen, will los, will nach Hause, hat genug getan, hat die Nase voll von Schule, denn gerade die Zeit vor den Sommerferien fordert ihn besonders. Die Zeugnisse stehen an. Er muss feststellen, dass er einige Schüler gar nicht richtig wahrgenommen hat, wie soll er die beurteilen? Der Lehrplan drückt ihn. So macht er noch mal ordentlich Dampf. Die Zeit läuft ihm weg. Da hilft es, wenn er sich zu der Erkenntnis durchringen kann: na wenn schon, Mut zur Lücke. Meist finden auch noch die Bundesjugendspiele statt, Wandertage oder Klassenfahrten stehen auf dem Programm, und wenn es ganz dicke kommt, sind die Temperaturen so hoch, dass die Schüler in den Seilen hängen. Nichts geht mehr. Auch der Lehrer ist geschafft.

Deshalb: weg, jetzt in den Ferien die Beine hoch, in die Sonne blinzeln, wenn sie denn in den deutschen Breiten scheint, oder ab auf die Malediven, in den australischen Busch, nach Kuba, sich den südlichen Wind um die Ohren wehen lassen. Man will ja wieder was zu erzählen haben, wenn man zurück ist, nicht nur den Kollegen, sondern vor allen Dingen den Schülern.

Und was ist mit Rio?

Kostet doch heute nichts mehr. Von Frankfurt nach Rio und zurück mal gerade gute 600 Euro. Durch die Kneipen in Ipanema oder an der Copacabana ziehen und sich den Sambaklängen hingeben. Vielleicht hat man Glück, und ein berühmter Star der brasilianischen Musikszene tritt in irgendeinem Club auf. Dazu ein Caipirinha mit ein wenig Cachaca, einem Fuselgebräu aus Zuckerrohr. Deshalb, nicht zu viel, denn dann kann man den nächsten Tag vergessen. Das wäre doch zu ärgerlich, einen Tag halb tot im Hotelzimmer zu verbringen. Ein verschenkter Tag. Den könnte man doch nun wirklich dafür nutzen, den tropischen Regenwald zu erkunden. Dann dem Amazonas bis zur Mündung folgen, die so gewaltig ist, dass man das Ufer nicht sehen kann. Sich mit einer Machete durch die Kletterpflanzen des Urwaldes schlagen. Sich an den Aras, Kolibris und Paradiesvögeln erfreuen. Den Blattschneideameisen bei ihrer Arbeit zusehen. Sich den Brillen- oder Breitschnauzenkaimanen zur Wehr setzen und mit der Anakonda kämpfen.

Und wem das zu aufregend ist, der besucht die Garimpeiros, Edelsteinsucher in Minas Gerais und teilt mit ihnen einen Cafezinho, einen Espresso, und freut sich darüber, dass er nicht so elend leben muss. Wem das immer noch zu abenteuerlich ist, der legt sich an den Strand von Leblon und guckt den Wellen zu, auf dem die Jugend Brasiliens ihre Kunststücke vorführt.

Ja, das ist es. In diesen Sommerferien geht es nach Rio!

So kommt der Lehrer mit tausend Geschichten nach Hause, die geradezu danach schreien, im Unterricht verarbeitet zu werden. Was für ein Glück! Ja, ein Lehrer bildet sich auch im Urlaub weiter.

Man kann seine sechs Wochen natürlich auch in Wanne-Eickel verbringen. Das ist dann aber wahrscheinlich nicht so spannend wie Brasilien, um davon im Unterricht interessant zu berichten.

KAPITEL 4

ANPASSUNGS-PROZESSE

Weil er weiß, dass der Computer
Einzug in die Schule gehalten hat

Der Lehrer hält sich nicht für computerblöd. Er weiß schon, wie er sein Notebook zu nutzen hat, wenn er Texte schreiben oder ins Internet gehen will. Auch die Tabellenkalkulation weiß er zu nutzen, wenn er seine monatlichen Ausgaben unter Kontrolle halten will. Aber manchmal, wenn er nicht mehr weiterweiß und den Fachmann an der Schule um Hilfe bittet, fühlt er sich ganz klein. Er hat keine Ahnung von den unter der Oberfläche arbeitenden Chips des elektronischen Monstrums. Er weiß sehr wohl, dass seine Fähigkeiten und sein Wissen verbesserungswürdig sind, aber er bemüht sich, auf dem Stand der Dinge zu bleiben.

Nun soll seine Schule alle Klassen mit Smartboards ausrüsten. Davon hat er zwar schon mal gehört, weiß aber nicht genau, worum es geht. In einer Lehrerkonferenz erfährt er Näheres. Das Ding ist genauso groß wie eine Leinwand für einen Beamer, braucht aber keinen Projektor. Dafür benötigt das Wunderding einen Computer. Dessen Software sorgt dafür, dass man wie von Zauberhand Texte, Bilder und auch Filme auf dem Smartboard erscheinen lassen kann.

Der Vertreter, der die mehrere Tausend teuren Geräte an den Mann bringen will, macht einen guten Job. Er lässt das Kollegium staunen. Mit Stiften, die wie dicke Faserstifte aussehen, zaubert er Linien auf die Oberfläche und steuert viele Funktionen. Auch mit seinem Hinweis, dass es mittlerweile eine Vielzahl von Programmen gibt, kommt er gut an. Er projiziert einen menschlichen Körper auf die Oberfläche und lässt mithilfe des Stiftes im Wechselspiel alle Organe, Muskeln und Sehnen erscheinen. Die Biologiekollegen staunen. Im Vergleich dazu sehen das Schulbuch und die Biologiesammlung antiquiert aus.

Dann lässt der Promoter die Augen der Mathelehrer größer werden. Sie sind begeistert, wie Gleichungen in Grafik umgesetzt werden können. Auch die Deutschlehrer vergisst der gewiefte Verkäufer nicht. Ein handgeschriebenes Diktat wird über einen Scanner eingelesen und kann mit den Stiften bearbeitet werden.

Am meisten weiß der Vertreter aber mit einem Hinweis zu beeindrucken: Nicht nur, dass man den Ablauf am Beamer zu Hause vorbereiten kann, das am Ende der Stunde gestaltete »Tafelbild« kann gespeichert und jederzeit wieder abgerufen werden.

Nachdem der Vertreter versprochen hat, dass das Vorführgerät gerne noch einen Monat getestet werden kann, wird er verabschiedet. Nach kurzer Diskussion beschließt das Kollegium die Anschaffung von Smartboards für alle Klassen. Die Gruppe der älteren Kollegen legt aber Wert darauf, dass die guten alten Tafeln nicht entsorgt werden. Auch sie sind zwar begeistert von dem neuen Medium, wollen aber nicht von heute auf morgen auf das alte Medium verzichten. Skepsis und Ängste werden deutlich.

Der Lehrer macht seine Erfahrungen. Er beteiligt sich auch an der Arbeitsgruppe, die im Zuge der Anschaffung ein Medienkonzept erarbeiten soll. Im schulischen Alltag aber merkt er, welch Disziplin der Einsatz eines Smartboards erfordert. Zudem hat er sich schon lange auf den Weg zu einem offenen Unterricht gemacht, aber das Wunderding verführt ihn immer wieder, zum Frontalunterricht zurückzukehren. Am letzten Tag vor den Ferien weiß er das Ding richtig zu schätzen. Traditionell beglückt er dann seine Klasse mit einem Spielfilm. Das war früher mit nicht geringem technischen Aufwand verbunden. Außerdem musste er sich immer rechtzeitig eine Leinwand sichern, denn er war nicht der einzige Kollege, der für sich und seine Klasse diesem Vergnügen frönte. Mit Smartboard und PC versorgt, braucht er nur noch eine DVD mitzubringen.

An diesen Tagen weiß er es besonders zu schätzen, dass er sich dem Einzug der neuen Medien in der Schule nicht verschlossen hat.

Die Schulen sind Werkstätten der Humanität, indem sie ohne Zweifel bewirken, dass die Menschen wirklich Menschen werden.

Weil er keine Strafarbeiten mehr verteilt

Ja, er muss es gestehen. Vor vielen, vielen Jahren hat er Strafarbeiten verteilt. Er glaubte manchmal, der Rasselbande nur noch Herr werden zu können, indem er Strafarbeiten androhte. Bei der Drohung konnte es nicht bleiben, sonst hätte er jeglichen Respekt verloren. Diese pädagogisch mit Recht verpönte Maßnahme betitelte er nicht als Strafarbeit, sondern als Zusatzaufgabe. Da konnte ihm keiner was.

Einige von den »Strafarbeiten« hat er aufgehoben. Wenn er sie heute liest, schämt er sich nicht nur ob der »pädagogischen« Maßnahme, sondern liest viel zwischen den Zeilen.

Er hatte sich eine tolle Überschrift für den einseitigen Aufsatz ausgedacht: »Was mich glücklich macht«:

Sven:

»Also, sie sind es nicht, Herr Stünitz. Fals sie sich einbilden, dass sie mich in irgendeiner hinsicht glücklich machen, haben sie sich sehr gründlich geteuscht.

Schließlich haben sie uns schon öfters genervt, und das ist wirklich gemein. Na ja, sie bekommen es in doppelter Ausvertigung wieder.

Also, sie wollen wissen was mich hin und wieder glücklich macht? Mmh, tja, also es ist auch kein Lehrer. Ah, ja, es würde mich tierisch glücklich machen, enn wir bei ihnen mal die Räder am VW-Bus schrauben würden und dann die Räder verstecken würden, dan müsste sie sehen, wie sie nach Hause kämen. Das wär ein Spaß. Ich hätte gern mal gewusst, warum gerade sie uns so etwas fragen?

Aber das wüssten sie sicher auch nicht.

Aber jetzt was ich mag oder was mich glücklich macht: Ein Eis macht mich glücklich. Keine Hausaufgaben machen macht mich glücklich; mal ne' gemütliche oder lustige Klassenfete oder sich mal ausgibig mit jemanden Schlagen, den ich zu gern verscheuern möchte; Aber am glücklichsten macht mich meine Freundin. Nun? Sint sie etwas traurig, das sie mich nicht so glücklich machen?«

Thorsten:

»Mich mach's Glücklich, wenn Petra mich nicht aufschreibt. Wenn ich Stünitz eins auswischen kann. Wenn ich Herrn von Horn eins auswischen Kann. Wein, Weib und Gesang. Mich machs Glucklich, wenn wir mal nicht Frau Kastner haben. Mich mach's glücklich, wenn wir Ferien haben. Mich machs Glücklich wenn wir Ferien haben. Mich machs Glücklich, wenn wir keine Arbeiten Schreiben. Mich mach's Glücklich, wenn ich Fußball spiele. Mich mach's Glücklich, wenn wir kein Reck mehr machen. Mich mach's Glücklich wenn wir nicht zur Schule brauchen.

Mit Kreide schmeißen macht mich glücklich, aber da für eine Seite Aufzukriegen oder einen Brief nach Hause zu bekommen macht mich eher unglücklich. Lehrer ergern macht mich Glücklich. Mich mach's Glücklich wenn ich eine Sturmfreie Bude hab.

Mich mach's Glücklich wenn ich daran denke das diese Seite für Herrn Stünitz jetzt voll ist.«

41. GRUND

Weil er interessante Lektüre
von seinen Schülern erhalten kann

Udo:

»**Was mich glücklich macht.** Es macht mich glücklich, wenn wir den Stundenplan verkürzt kriegen. Der Dienstag macht mich glücklich weil wir Herr ... nicht haben. Weiter hin mach mich glücklich wenn wir ein Fußballspiel gewinnen oder ander Spiele.

Mit dem letzten Satz meine ich die Bundesliga oder die natinal Elf. Mich macht auch glücklich wenn Klassenfeste nicht langweilig verlaufen. Glücklich macht mich auch wenn ich meine Freizeit selber einteilen kann. Eine Sturmfreie Bude macht mich auch sehr glücklich.

Mit Kreide schmeißen mach mich auch glücklich, da für aber eine Seite auf zu kriegen oder einen Brief nach Hause zu bekommen macht mich eher unglücklich als glücklich.

Lehrer ergern macht mich auch sehr glücklich. Schlittschuhfahren oder ins Kino gehen oder gute Arbeiten schreiben macht mich auch sehr glücklich. Ferien machen mich auch sehr glücklich weil ich die Schule nicht mehr sehen muß.

Schwimmen macht mich auch sehr glücklich.«

Peter:

»Wein – Weib – gesang! Wenn ich den Hauptschulabschluß ohner großen streß schaffen wurde. Das die Leste Klassenfahr gut verläuft. Wenn wir nicht mehr so viele Hausaufgaben aufkriegen wurden. Das wir noch viele Spiele Veranstaltungen machen. Das ich mich besser zurückhalten könnte bei Scheiße bauen. Wenn das Schulgebeute frei gestellt wird.

Wenn ich einen eigenen Fernseher hätte. Wenn mir eine ein 2 Gänge Mofa schenken würde. Wenn man in der Kuhle rauchen dürfte. Wenn die Lehrer nicht so stressen würden. Ach wenn ich doch nur nicht diese Seite aufgekricht hätte Scheiß schreiben.

Jetzt muß ich noch genau 13 Reihen schreiben ›schluchz‹.

Jetzt sind es noch genau 12 Zeilen. Ja mir fiel gerade ein die Schule sollte mal wieder Geld rausrücken das Morgens Musik in den Lautsprechern erschallt.

Ja, ja ich muß noch 7 Reihen schreiben. Ob ich das noch schaffe ›Grübel‹ ...

Ja ich meinte ich sollte doch lieber auch nicht. Ach scheiß doch
drauf. Ich mache jetzt einen R
                            U
                                        tsch.
Bis hierhin und nicht weiter.«

Oliver:

»Ich finde das Thema nicht gut für einen Aufsatz. Also schreib
ich über das, was ich mag, denn ich muß ja diesen tollen Aufsatz
schreiben. Also ich mag gerne Schule ohne Streß, Schwimmen im
warmen Wasser, Hantball und Basketball mit einem guten Schiets-
richter, Fahrradfahren bei gutem Wetter, ins Kino gehen wenn ein
guter Film läuft, in den Urlaub fahren wo gutes Wetter ist und wo
man sich erholen kann. Schlittschuh laufen auf gutem Eis und dabei
Eishockey spielen, Mofa fahren ohne Betrieberlaubnis und ohne
Führerschein, Musik hören mit einer guten Anlage, guten Platten
und guten Boxen, gerne Fernseh gucken, wenn es gute Filme gibt,
gerne Arbeiten aber nicht im Akkord, und gerne Aufsatz schreiben
aber ohne Zwang. So das waren meine besten und liebsten Hobbys
die ich meistens und oft einhalte.

Jetzt muß ich noch eine viertel Seite schreiben. Ich will versuchen ob ich noch mehr Hobbys zusammen kriege.

Also dann will ich mal anfangen: Ich mag gerne Ausschlafen
ohne gestört zu werden, Bücher lesen ohne zwang und die mir
gefallen z.B. Wissenschaftliche und Technische Bücher, ich mag
auch gerne nie krank sein, ich mag auch gerne Aufträge ordentlich
und zuferlässig ausführen, keine unangeneme Post empfangen z.B.
Mahnungen, ich mag gerne unter Leute sein wo man machen kann
was man will, spazieren gehen in dem Wald.

Das waren meine zweitbesten mager die ich mag. Ich hoffe das
ich den Aufsatz gut geschrieben habe.

P.S. Ich mag auch gerne mit Kreide werfen.«

Weil er gerne in seinem Heimatland unterrichtet

Nicht dass es für ihn unvorstellbar ist, in der Schweiz oder Österreich zu unterrichten. Seinen Fremdsprachenkenntnissen sind nämlich enge Grenzen gesetzt. Die einzige Chance, sich beruflich ins Ausland zu verändern, wäre eine Deutsche Schule. Die gibt es in vielen Ländern dieser Erde. Seine Kollegen, die diese Erfahrung gemacht haben, schwärmen alle. Nur widerwillig sind sie nach Deutschland zurückgekehrt. Aber wenn er hört, dass sein Freund, der in Japan fünf Jahre in Kobe verbracht hat, keinen japanischen Satz herausbringt und sein Leben mit seiner Gattin in einer 40-Quadratmeter-Wohnung fristen musste, hält sich seine Begeisterung in Grenzen. Auch wenn das Gehalt doppel so hoch war wie hier.

Aber Geld, Unterkunft, Sprache und die erlebte Kultur sind nur nebensächliche Aspekte, denn der Arbeitsplatz spielt eine entscheidende Rolle. Was er da in seiner Tageszeitung vom Schulwesen in Südkorea erfährt, lässt ihm die Haare zu Berge stehen.

Südkorea mit seinen 50 Millionen Einwohnern ist in den letzten Jahren wirtschaftlich äußerst erfolgreich. Die Autoindustrie boomt genauso wie die Informationstechnologie. Aber um welchen Preis. Lassen wir mal die Arbeitsbedingungen beiseite. Die Zeitung beschränkt sich in dem Artikel auf das Schulwesen. Dabei geht es nicht um Systeme oder didaktische Fragen, sondern um die Schüler.

Die sind einem perfiden Druck ausgeliefert. Die Auswirkungen sind dramatisch. Die Selbstmordrate ist gigantisch hoch. Wie sollte bei den Schülern auch kein kaum auszuhaltender Stress aufkommen? Sie wissen ganz genau, dass von ihrer Abschlussprüfung ihre berufliche Zukunft entscheidend bestimmt wird. Gute Noten bedeuten die Hoffnung auf sehr gut honorierte Jobs. Nicht bestandene Prüfungen bedeuten berufliche Hoffnungslosigkeit. Da geben

Eltern schon mal 2.000 Euro im Monat für Nachhilfe aus, und die Schüler büffeln nicht selten 16 Stunden am Tag. Da freut sich doch der deutsche Lehrer, wenn das der Preis sein soll, um beim weltweiten PISA-Test ganz vorne zu sein.

Noch mehr Druck aber übt der Staat mit seinen begleitenden Maßnahmen aus. Da wird über der Hauptstadt Seoul am Prüfungstag tatsächlich der Flugverkehr eingestellt. Die Büros öffnen später, damit die Angestellten die U-Bahn für die Schüler freimachen. Reporter werden zu den Schulen geschickt, um von den Prüfungen zu berichten.

Na gut, wer das übersteht, wird nicht unbedingt ein guter Arzt werden, aber zumindest wird ihm bei keiner Operation die Hand zittern.

Nein. In so einem Schulsystem will der Lehrer nicht unterrichten.

43. GRUND

Weil er sich vorstellen könnte, auch Ältere zu unterrichten

Noch mal Südkorea. Da tut sich Wundersames. Es gibt nicht nur ein Jagen nach maximalen Leistungen, sondern das Schulsystem vergisst auch die Alten nicht. Es gibt tatsächlich und wahrhaftig Schulen für Menschen, die aus dem Berufsleben ausgeschieden sind. Nein, keine Volkshochschulen, wie sie es hierzulande gibt, sondern besondere Einrichtungen, die nur ältere Bürger beschulen. Für die gilt natürlich die freiwillige Schulpflicht, aber sie nehmen das Angebot dankend an. Sie kommen gerne zwei, drei Tage in der Woche, ohne verpflichtet zu sein. Selbst nach dem bestandenen »Examen« lernen sie weiter. Das ist nur ansatzweise mit unseren

»Alten« vergleichbar, die noch einmal die Universität besuchen. Hier geht es um ein anderes Niveau. Die Fächer beschränken sich auf Musik, Sport, Geschichte, Lesen und Moderne Technik.

Damit haben auch ältere Bürger Südkoreas das nachzuholen, was ihnen in der Kindheit und Jugend verwehrt wurde. Noch vor wenigen Jahrzehnten hatte das Land eine hohe Rate an Menschen, die nicht schreiben konnten. Jetzt, in Zeiten, wo man sich in der Spitzengruppe des PISA-Rankings befindet, will man den Vernachlässigten auch eine Chance geben. Das wird dankbar angenommen.

Der Lehrer stellt sich vor, so eine Klasse unterrichten zu müssen oder zu dürfen.

Wie wäre das, statt frischer, kindlicher und jugendlicher Geister Faltengesichter vor sich zu haben? Die haben doch alle so viel Leben hinter sich, dass Neugier für sie ein Fremdwort geworden ist. Aber was ist mit der Disziplin? Alle kommen freiwillig und müssen sich nicht mehr beweisen. Das wäre doch eine Wonne, sich nicht mehr um gruppendynamische Prozesse kümmern zu müssen. Nur noch einfach zu unterrichten. Nur noch eine wache, wissbegierige Klientel vor sich zu haben. Vielleicht wäre es aber auch völlig anders. Vielleicht sitzt vorne ein Greis, dem vor Müdigkeit ständig das Haupt zur Seite nickt, dem nach 30 Minuten der Speichel aus der Mundecke seibert. Oder die Alten, die sich aus Starrköpfigkeit beharken und denen der Unterricht ob ihres Streites völlig egal ist.

Reizvoll wäre ja auch mal ein PISA-Test für 70-Jährige.

Gut, dass er sich nicht entscheiden muss. Aber die Vision reizt ihn. Vielleicht initiiert er nach seiner Pensionierung so eine Lehranstalt. Als Motto könnte dann an der Schultür hängen »Weisheit vor Greisheit«.

Weil er die Handschrift in der Schule nicht sterben sieht – nur bei sich selber

Noch wird in unserer Welt geschrieben. Aber wie lange noch? Eingabeprogramme mit Spracherkennung werden immer besser. Vor einigen Jahren konnte man noch verzweifeln, wenn man versuchte, das Smartphone mit seiner Stimme zu steuern. Das endete bei manchen mit der unangemessenen Beschimpfung »Du dusselige Kuh!«. Das war äußerst unhöflich. Aber muss und kann man eigentlich einem Computer gegenüber die Etikette wahren? Das war der weiblichen, digitalen Stimme völlig wurscht. »Ich habe Sie nicht verstanden. Bitte wiederholen Sie.« Solche Coolness kann auch nerven, wenn man hilflos ist. Heute kann der Lehrer nicht mehr klagen. Sein Navi funktioniert fast fehlerlos, wenn er ihm die Zieladresse ansagt.

Aber schleichend merkt er, dass ihm das Schreiben mit einem Stift abhandenkommt. Selbst die Überweisungen bei seiner Sparkasse und die Kostenerstattung bei der Beihilfe tätigt er online. Zumindest seine Steuererklärung füllt er noch mit seinem Kugelschreiber aus. Noch. Und sonst? Sein Schreiben ohne Tastatur beschränkt sich auf den Einkaufszettel oder Notizen, um der Altersvergesslichkeit entgegenzuwirken. Die letzte Ansichtskarte hat er vor drei Jahren geschrieben.

Trotzdem ist es ihm wichtig, dass seine Schüler schreiben. Handschriftlich. Mit Schreibschrift und nicht mit Blockbuchstaben. Natürlich kann er keinen Schüler in den höheren Klassen abmahnen, wenn der die Druckschrift bevorzugt. Aber er fühlt sich nicht wohl bei dem Gedanken, dass die Schüler die gebundene Schrift nicht mehr erlernen müssen.

Er hätte auch Schwierigkeiten, Eltern – ganz unabhängig vom Schulgesetz – zu erklären, warum Diktate und Aufsätze nicht mit dem PC geschrieben werden. Natürlich könnte er Forschungs-ergebnisse anführen, die belegen, dass Schüler, die handschriftliche Notizen machen, sich komplexe Zusammenhänge besser merken als solche, die nur tippen. Er könnte auch anmerken, dass sich nur in der Handschrift die eigene Persönlichkeit und Stimmung ausdrücken lässt.

Er selber macht seine eigenen Erfahrungen. Eines Tages erhält er von seiner Tochter einen Brief. Handschriftlich. Sie möchte eine Tradition aufleben lassen und bittet um Antwort. Er lässt sich nicht lange bitten und sucht seinen Füller, den er zum ersten Staatsexamen geschenkt bekommen hat. Ein Kuli wäre ihm zu so einem Anlass zu profan. Er findet den Federhalter und sogar einen Rest von Tinte. Es kratzt beim Schreiben, aber nach ein paar Sätzen fliegt die Feder nur noch so über das Papier. Ein schönes Gefühl. Er ist seiner Tochter dankbar. Da müsste man doch glatt mal einen Satz Füller für seine Klasse anschaffen.

45. GRUND

Weil er lernt, mit Stress umzugehen

»Stress« kommt aus dem englischen Sprachraum. Was nicht heißt, dass dieses Phänomen nur dort auftritt. Im deutschen Bereich kennt der Lehrer das natürlich auch. Er würde von Anspannung, Druck oder von hoher Belastung sprechen. Druck, den man sich selbst macht oder der durch Außenwirkung auf einen einfällt.

Nun ist Stress keine Erscheinungsform, die nur bei Lehrern auftritt. Alle Menschen werden diesen Druck kennen und ihn als positiv oder negativ erleben.

Bei Stress steigen der Blutdruck und der Blutzucker. Der Mensch reagiert unterschiedlich darauf. Steigt der Druck, entscheidet sich der Mensch zwischen Aggression und Resignation. Das ist anschaulich zu erkennen bei Profi-Sportlern, wenn ein Außenseiter den Favoriten schlägt. Dieser widersteht dem enormen Druck, steigert über den Stress seine Leistung und erzielt darüber Erfolg.

Ein Arzt, der eine komplizierte Herzoperation vorzunehmen hat, steht unter extremem Leistungsdruck. Ein kleiner Fehler von ihm könnte fatale Folgen haben. Er hat aber ein Team dabei, auf das er sich absolut verlassen kann. Er findet optimale Bedingungen vor und wird dadurch zu Höchstkonzentration und Höchstleistung angetrieben.

Bei den Lehrern ist das anders. Wenn ein Lehrer Fehler macht, hat das nicht sofort fatale Folgen. Das ist erst einmal beruhigend. Dafür sind aber die Bedingungen, seine Arbeit zu tun, selten optimal, denn seine Umwelt ist alles andere als perfekt. Er hat mit täglichem Lärm zu kämpfen, er steht oft unter Zeitdruck, Leistungsdruck, erlebt Respektlosigkeit von Schülern, erfährt Nichtachtung für seine geleistete Arbeit, wird gemobbt von den Schülern, Eltern oder auch von seinen Kollegen. Die Reaktion darauf zeigt sich dadurch, dass sein Durchsetzungsvermögen abnimmt. Am Ende dieser Kette steht dann die Angst, die vernünftiges Denken blockiert und häufig in Depressionen oder Burn-out mündet.

Wie kommt er da wieder raus, oder besser, wie kommt er da gar nicht erst rein?

Der Lehrer kann hierzu keine absolut wirksamen Empfehlungen geben. Dafür sind die individuellen Stressauslöser bei den Menschen zu unterschiedlich.

Aber vielleicht hilft es, wenn er erst einmal begreift, dass es mehr oder weniger allen Menschen, speziell Lehrern, ähnlich geht. Sich öfter mit Kollegen austauschen, Probleme angehen und nicht vor sich herschieben, sich immer wieder klarmachen, dass eine frustrierte Grundeinstellung sich im Äußeren zeigt, jegliche Energie raubt und weiterhin schwächt. Man kann zwar über die schlechten Bedingungen, unter denen man zu arbeiten hat, meckern, sich aufregen, schimpfen und schlechte Laune verbreiten, aber das hilft nicht weiter.

Was hilft weiter?

Zunächst sich selbst gut zureden, hier ruhig einmal Frau Merkels Worte auf sich beziehen: »Ich schaffe das!«

Sich bewusst machen, was es ist, was im Moment am meisten stresst.

Sind es unangenehme Schüler?

Kontakt suchen zum Schüler, Gespräche führen, Konsequenzen aufzeigen und durchsetzen.

Kommt der Stress von der Arbeitsüberlastung? Kommt die eigene Familie zu kurz?

Auch mal fünfe gerade sein lassen. Unterricht gemeinsam mit anderen planen, für Arbeitsaufteilung sorgen. Zeit für die Familie einplanen.

Ist der Unterricht nicht gut genug?

Sich zusammentun, Kollegen hospitieren lassen, ehrliche Rückmeldungen geben lassen.

Ruhig bleiben, sich gedankliche Freiräume schaffen, der Seele Entspannung bieten. In die Sauna, zum Yoga oder ins Fitnessstudio gehen, an was Schönes denken. Dann findet der Lehrer auch wieder Kraft für Bewältigungsstrategien. Man muss ja auch nicht alles annehmen, was auf einen zukommt. Wie wäre es denn mal mit: »Nein, das lad ich mir nicht auch noch auf. Ich habe genug an der Hacke.«

Nachmittags geht der Lehrer dann mit seiner Tochter oder seinem Enkelkind auf den Spielplatz. Dabei bekommt er einen völlig anderen Blick auf die Dinge der Welt.

Abends guckt er sich nicht die bedeutende Talkshow an, sondern lässt sich langgestreckt auf dem Sofa berieseln vom »Dschungelcamp«, wo sich Möchtegernstars auf Zumutungen einlassen. Ach, ist das schön! Die Welt kann doch so einfach sein.

Wenn ihm das zu wenig ist, geht er mit seinem Squashpartner auf den Court und tobt sich körperlich aus. Für den etwas ruhigeren

Geist reicht auch eine Runde Golf. Verblüffend, wie körperliche Anstrengung den Kopf wieder frei macht und ein grenzenloses Wohlgefühl eintritt.

Weil er weiß, wie man sich schlagfertig gegen Angriffe wehrt

Eine Eigenschaft im Lehrerberuf sollte man sich aneignen. Schlagfertigkeit ist unabdingbar. Nun gut, das lässt sich nicht so ohne Weiteres antrainieren. Gut wäre es, wenn man das von Haus aus schon in den Beruf mit einbringt. Schlagfertige Menschen haben es leichter, und sie haben auf jede Situation eine passende Antwort. Das hilft bei Konferenzen, Diskussionen oder Elternabenden. Das vereinnahmt eine Gruppe für sich, wenn man auf eine unvorhergesehene Situation reagieren kann. Es entspannt häufig eine verfahrene Situation. Wer keine Schlagfertigkeit hat, wird es im Leben nicht immer leicht haben, ganz besonders als Lehrer. Wer will das schon?

Viele Menschen tragen einen Groll mit sich rum, wenn ihnen zu einer unangenehmen Situation nichts eingefallen ist, oder erst in der Nacht, wo man sich unruhig hin und her wirft, weil man mal wieder den Mund gehalten hat und dazu bestenfalls nur müde grinsen konnte, wo man doch weiß, Schlagfertigkeit hat nur eine Wirkung, wenn sie sofort kommt.

Der Lehrer sollte sich vorher überlegen, welche Vorwürfe auf Elternabenden oder Elterngesprächen auf ihn zukommen könnten, um nicht völlig überrascht und unvorbereitet zu sein. Das sollte der Lehrer nicht als Angriff verstehen – auch wenn es so gemeint sein sollte – sondern als Sorge der Eltern um ihr Kind. Eine ver-

ständnisvolle und eine freundliche, aber bestimmte Reaktion ist angemessen.

Typische Beispiele:

> *Frau Müller sagt auch, dass Sie Ihre Klasse nicht im Griff haben.*
> *Bei Herrn Schulz ist es viel ruhiger.*
> *Werden die Hausaufgaben bei Ihnen nicht kontrolliert?*
> *Meiner Tochter ging es schlecht. Das haben Sie ignoriert.*
> *Das letzte Diktat war viel zu schwer.*
> *Sie haben doch Ihre Lieblinge.*
> *Mein Sohn spielt hervorragend Klavier und hat im Zeugnis eine Drei. Wie kann das sein?*
> *Warum schreiben Sie unangemeldete Tests?*
> *Warum darf mein Sohn nicht mit auf den Ausflug?*
> *Was wissen Sie schon als Lehrer von der realen Welt.*
> *Sie haben doch überhaupt keine Ahnung, wie es in der freien Wirtschaft zugeht.*

Besonders bei der Zensurenvergabe ist Sensibilität gefragt. Es kommt nicht gut an, schlechte Zensuren damit zu begründen, dass sie als Ansporn gedacht sind. Als Ansporn sollten dem Lehrer andere Argumente als Zensurendruck einfallen.

Churchill wurde einmal von einer oppositionellen Abgeordneten attackiert:

»Wenn ich mit Ihnen verheiratet wäre, würde ich Ihnen Gift in den Kaffee geben.«

Churchill antwortete: »Und wenn ich Ihr Ehemann wäre, würde ich ihn trinken.«

Weil man in die Lage kommt, öfter mal eine Rede zu halten

Jeder Lehrer wird über kurz oder lang in die Lage kommen, in der er eine Rede zu halten hat. Sei es, weil seine Klasse in das Leben verabschiedet werden soll, sei es, dass man bei einer Konferenz einen Sachverhalt in Form eines Fachvortrages zu erklären hat, sei es, weil die Elternschaft überzeugt werden soll, sich auf eine Unternehmung mit den Schülern einzulassen. Da ist es gut, sich einige Dinge vorher klarzumachen:

Eine freie Rede zu halten wird nur den wenigsten gelingen. Das braucht eine jahrelange Übung und eine Selbstsicherheit, die nicht selbstverständlich ist.

Deshalb sollte man sich zumindest Stichpunkte aufschreiben, die man dann abarbeiten kann. Wem das zu unsicher ist, der kann auch seine Rede wörtlich aufschreiben. Das bringt zwar eine gewisse Distanziertheit mit sich, aber wenn man diese braucht, ist das völlig in Ordnung.

Eine angenehme Stimmlage hilft. Das kann man üben.

Bitte keine Silben verschlucken, Vokale klingen lassen.

Werden Sie nicht zu schnell bei Ihrer Rede. Sie wissen zwar, was Sie sagen wollen, aber nicht der Hörer.

Gucken Sie die Zuhörer an. Dadurch entsteht eine Nähe zum Publikum.

Machen Sie die Sätze kurz. Der Zuhörer will Ihnen gerne folgen, es darf aber nicht zu anstrengend sein.

Variieren Sie Ihre Stimme; je mehr Zuhörer Sie haben, umso lauter und langsamer sollten Sie sprechen.

Folgen Sie einem logischen Gedankenablauf.

Der Zuhörer muss spüren, dass es Ihnen wichtig ist mit dem, was Sie sagen wollen.

Je ruhiger und sicherer Sie Ihre Rede halten, umso besser fühlt sich ein Zuhörender. Der kann sich dann voll auf das konzentrieren, was gesagt wird.

Eine unsichere Rede lässt auch die Zuhörer unsicher werden: »Oh, Gott, hoffentlich bringt der seine Rede ohne größere Schwierigkeiten zu Ende.« Die Chance, den Zuhörer zu erreichen, ist damit vertan.

Sprechen Sie Ihre Rede ganz für sich zu Hause vor dem Spiegel. Machen Sie eine Videoaufnahme von sich. Und betrachten Sie sich beim Sprechen. Achten Sie nicht nur auf das, was Sie sagen, sondern wie Sie es sagen. Die Körpersprache ist ein weiteres wichtiges Element bei einer Rede.

Kopf hoch! Bewegen Sie sich! Stehen Sie aufrecht! Haben Sie Ihre Hände im Griff, streichen Sie sich nicht ständig durch die Haare, und lassen Sie Ihre Brille, wenn sie denn eine haben, auf der Nase. Da gehört sie nämlich hin. Fassen Sie sich nicht an die Nase. Es sei denn, Sie sind erkältet und Sie müssen sich Ihre Nase putzen, nur dann macht das Sinn und die Zuhörer können mit Ihnen fühlen.

Ziehen Sie sich für den Anlass passend an. Bei einer Abschlussklassenentlassung könnte man ja mal auch auf die Jeans und den Pullover verzichten. Auch wenn es nicht Ihr persönlicher Stil sein mag – in solchen Fällen ist es durchaus angebracht, einen Anzug zu tragen oder ein entsprechendes Kostüm. Andererseits nicht übertreiben, das Äußere soll Ihrer Art entsprechen, denn so wie sie gekleidet sind, werden Sie wahrgenommen und behandelt.

Und lächeln! Das schafft erst einmal eine positive Stimmung. Aber Vorsicht! Nur lächeln wird auf die Dauer anstrengend, also die Mimik der Rede anpassen.

Und vor allen Dingen, denken Sie daran: Man kann über alles reden, nur nicht über acht Minuten.

Weil er wissen will, wie andere unterrichten

Ein Lehrer ist immer bemüht, seinen Unterricht zu verbessern, methodisch sowie inhaltlich. Er muss immer sehen, wo er sich neue Anregungen herholen kann. Sonst kocht er in seinem eigenen Saft. Und das ist nicht gut für ihn und für die Schüler schon gar nicht. Und so treibt es ihn zurück in die nahe gelegene Großstadt, zur Universität, zur Stätte der Bildung, die er viele Jahre nicht mehr betreten hat. Hier muss man es doch wissen, wie man Bildung vermittelt.

Äußerlich hat sich hier nicht viel getan. Auffällig ist, dass er auf einmal von vielen jungen Menschen umgeben ist. Das macht doch schon mal gute Stimmung.

Das Sich-Umgeben mit jungen Leuten kann aber nun für ihn nicht alles gewesen sein. Das kennt er ja von der Schule. Er will ja auch teilhaben an den Vorlesungen oder Arbeitsgruppen, will dazugehören, will sehen, wie heute Bildung vermittelt wird. Nun kann er wohl nicht so einfach in irgendeine Veranstaltung reinlaufen. Man fiele ja sofort auf ob seines äußeren Erscheinungsbildes, das sich doch erheblich von den normalen Studenten unterscheidet: graue Haare, faltiges Gesicht, gelbe Zähne, faltiger Hals, schleppender Gang, Kleidung old fashioned. Wobei – seine Frau merkt immer an, dass er mit seinen Hängehosen, wo der Schritt fast zwischen den Knien hängt, total up to date sei.

Aber darauf hat er sich ja eingestellt. Er hat sich vorbereitet. Er weiß, es gibt Veranstaltungen für ältere Studierende.

Und was kann man da aus dem Veranstaltungskalender auswählen? Mal etwas nicht zu Anstrengendes aussuchen. Wie wäre es denn mit: »Die Künste im Spiegel des Kinos«. Das wäre es doch. Das ist bestimmt interessant. Wie fasst der Professor das Thema an, und wie setzt er es methodisch um? Das muss doch spannend sein.

Das Finden des Hörsaales ist schon mal eine Leistung. Dort sitzen bereits circa 50 Leute älteren Jahrganges.

Der Professor beginnt seine Ausführungen mit einem Beispiel aus: *Les vacances du petit Nicolas.*

»Beim letzten Mal hat der Ton ja nicht geklappt, heute ist das Problem leider auch nicht behoben. Die Tonleistung liegt bei fünf Prozent. Das macht aber nichts, weil der Film sowieso in Französisch ist. Sie können sich ja an den deutschen Untertiteln orientieren. Aber sperren Sie ruhig die Ohren auf, ein bisschen wird wohl zu hören sein.« Das Licht lässt sich nicht ausstellen.

»Die literarische Vorlage wird cineastisch angelegt. Die Musik ist sommerlich fröhlich gestimmt. Das müssen Sie sich jetzt mal vorstellen. Der kleine Nick im Film flüchtet sich in seine Träume. Die Erzählperspektive des Films ist seine Sicht auf die Dinge.

Dann verändert sich der Soundtrack plötzlich in Richtung Jazz: *You Only Tell Me: Perhaps, Perhaps, Perhaps* von den Pussycat Dolls, was eine Adaption von dem kubanischen Lied: *Quizás, quizás, quizás* ist, das der Kubaner Osvaldo Farrés 1949 zum ersten Mal veröffentlicht hat. Durch dieses Lied begibt sich der Film auf eine andere Erzählebene, er nimmt die Sichtweise der Erwachsenenwelt ein. Die Mutter von dem kleinen Nick befindet sich mit ihrem Mann auf einer Party, die sehr langweilig zu sein scheint. Doch dann verändert sich die Stimmung. Mit dem von ihr weggeworfenen Champagnerglas wird der Bewusstseinswandel der Frau angezeigt.«

Nebenbei versucht ein Techniker des Hauses, den Ton zu reparieren.

»Ein Film kann durch Auslassungen seine Geschichte erzählen, ein Buch kann das nicht. Und da der Film vom kleinen Nick eine Komödie ist, kann er sich auch nicht zu einem Scheidungsdrama wenden. Kino kann elegant und zeitsparend erzählen.«

Er kommt nun zu dem Film *2001: Odyssee im Weltraum* von Stanley Kubrick, der auf einer Erzählung von Arthur Clarke basiert.

Der Techniker unterbricht. Der Ton ist nun endgültig weg.

»Aber man kann ja mal auf den anderen Kanal gehen.«

Das Projektionsfeld wandelt sich nun zu Blau, sonst ist nichts zu sehen.

»Es müsste eigentlich normalerweise funktionieren. Normalerweise.«

»Die Haustechnik ist wohl schon im Urlaub. Entschuldigung. Deshalb haben wir heute nur eingeschränkte Möglichkeiten, und deshalb wird die heutige Veranstaltung auch kürzer sein.«

Er macht eine Pause und schaltet das Projektionsgerät auf den vorherigen Zustand zurück. Er hat wieder ein Bild ohne Ton.

»Also zurück zu Stanley Kubrick. Der Film beginnt mit dem ›Morgen der Menschheit‹, einer Szene aus der Wiege der Menschheit. Ein epochaler Moment wird gezeigt, in dem einer der Affenmenschen einen Knochen als Schlaginstrument benutzt und sich damit den anderen gegenüber durchsetzt. Nun erfolgt ein Zeitsprung. Der Zuschauer blickt aus einem Raumschiff auf die Erde. Dazu wird von Johann Strauß *An der schönen blauen Donau* gespielt. Das müssen Sie sich jetzt dazu vorstellen. Hier spüren Sie nun die Suggestivkraft des Films.

Beim nächsten Mal werden wir wohl den Ton dazu haben. Sind nun noch Diskussionspunkte offen? Wenn ja, dann bitte, ansonsten entlasse ich Sie in die Semesterferien. Vielen Dank für Ihre Aufmerksamkeit.«

Die älteren Studierenden haben keinen Diskussionsbedarf, sie applaudieren freundlich und gehen. Der Lehrer geht in die Mensa und bestellt sich ein vegetarisches Essen mit Tofusteak für 3,50 Euro.

Was lernt der Lehrer daraus? Man kann in der Mensa immer noch preisgünstig essen. Auf der Suche nach Anregungen für seinen Unterricht bleibt er ein Suchender. Auch was.

Und dann denkt er darüber nach, wann seine Schüler das letzte Mal am Ende einer Stunde applaudiert haben.

Weil er auch am Sonntag
die Zeitung lesen muss

Das weiß man ja nun. Dass der Lehrer Zeitung lesen muss, auch am Sonntag. Da hat er mehr Zeit und kann sich ein bisschen intensiver mit den Inhalten der Artikel befassen. So auch jetzt in der Vorweihnachtszeit, wenn Kirchenmänner zu Wort kommen und sich über den Zustand der Welt äußern. Im Hinterkopf hat der Lehrer natürlich auch schon wieder den Gedanken: Ist da was drin, was man am Montag besprechen, zum Thema des Unterrichts machen muss?

Und in der Tat, ein Altbischof wird zum Zustand der Kirche befragt. Ob er eine Erklärung hat, warum im letzten Jahr der größte Mitgliederschwund in den letzten 70 Jahren festzustellen ist. Das sei für ihn klar, dass das so ist. In einer Gesellschaft, die Religionsfreiheit praktiziert, wird es auch viele Austritte geben. Hier trennt sich eben die Spreu vom Weizen.

Hallo, was ist das denn? Wer aus der Kirche austritt, ist Abfall, die anderen sind die Guten? Die Mitgliedschaft in der christlichen Kirche ist also wichtig?

Ja, meint er denn, durch die Mitgliedschaft bekennt man sich zur christlichen Religion, denn der Islam hat nicht die Reformation, die Renaissance oder die Aufklärung durchlaufen. Wenn das nicht passiert, rutscht Religion in den Fundamentalismus ab.

Außerdem stellt er die These auf, dass jeder Kirchenaustritt ein Tropfen Öl ins Feuer des IS sei. Dadurch würden die Werte Europas verloren gehen. Und heute fehle es auch an der adventlichen Einstellung. Heute torkeln die Menschen durch den Tag mit Shopping, *Tagesthemen* oder Jagd nach dem Geld.

Der Bischof hat gut reden. Er muss nicht mehr hinter dem Geld herlaufen, er kriegt es jeden Monat überwiesen.

Am Ende des Interviews möchte er, dass jeder seine Erfahrung machen soll mit der göttlichen Liebe.

Da kommt dem Lehrer ein Vers von Matthias Claudius in den Sinn:

Und aus den Wiesen steiget
der weiße Nebel wunderbar.

Es gibt keine Wahrheit. Es gibt nur Sichtweisen auf die Dinge, die uns umgeben. Und die christliche Wahrheit ist eben auch nur eine Sichtweise.

Da muss morgen am Montag in der Schule wohl das weitere Einschleifen der grammatischen Regeln hintanstehen. Er hat zwar nicht das Fach Religion zu unterrichten, aber seine Gedanken kann er nicht zurückhalten. Staatsbürgerliche Themen müssen eben auch behandelt werden. Die kommen viel zu kurz. Das muss einfach raus, auch wenn ihn die Schüler mal wieder nicht verstehen werden, ihm nicht folgen können oder mal wieder zu ihm sagen: »Meine Güte, wieso regen Sie sich darüber so auf?«

50. GRUND

Weil man mit dem Schweigefuchs nicht immer Erfolg hat

Fack ju Göhte war 2013 der erfolgreichste Film in Deutschland, hatte bis jetzt über sieben Millionen Zuschauer. Und weil der Erfolg so umfassend war, hat man schnell einen Nachzieher gebracht: *Fack ju Göhte 2*. Beim Bundesstart 2015 waren schon am ersten Wochenende über zwei Millionen Zuschauer in die Kinos gerannt. Warum ist das so?

Komödien über Schule sind »in«, waren schon immer »in«. So was muss man sich als Lehrer anschauen. Wo sonst kriegt er seinen

Mikrokosmos, in dem er mit seinen Schülern lebt, so unverblümt geboten.

Das geht schon los mit dem Hauptdarsteller Elyas M'Barek, einem wirklich gut aussehenden Mann. Äußere Attraktivität hilft im Schulalltag vielleicht für den Anfang, es ist ein Vertrauensvorsprung, den man aber schnell verspielen kann, wenn das Erscheinungsbild das Einzige wäre, was man in die Waagschale zu werfen hat.

Der normale Lehrer fällt meistens nicht durch äußere Schönheit auf, er sieht eben eher normal aus.

Was ist normal?

Er sollte keine besonderen Auffälligkeiten haben. Das alles würde von seiner eigentlichen Aufgabe zu sehr ablenken.

Im Film spielt Elyas M'Barek die Rolle des Bankräubers Zeki Müller. Durch einen Zufall wird er zum Lehrer gemacht. Er ist alles andere als ein Lehrer, sondern ein Krimineller, denn unter einer neu gebauten Turnhalle liegt seine Beute. An die will er unbedingt ran, und deshalb baut er nachts einen Tunnel zur Beute. Am Tag erkämpft er sich den Respekt der zehnten Klasse mit sehr fragwürdigen Mitteln in Situationen, in denen die anderen Lehrer bereits versagt haben. Am Ende fliegt alles auf, aber er darf die Klasse bis zum Abitur führen. Alle machen das Abitur und haben nur Einsen und Zweien. Na toll. Kintopp eben.

Trotz der Benutzung von vielen Klischees und vorhersehbarem Ablauf ist der Film aber eine kurzweilige, witzige Inszenierung.

Was kann der Lehrer aus so einem Film lernen?

Zum Beispiel, wie man Schüler richtig anspricht.

Eine Szene ist typisch für einen nicht funktionierenden Dialog zwischen Lehrer und Schüler.

Die junge Lehrerin Frau Schnabelstedt will die Klasse 10 mit dem »Schweigefuchs« zur Ruhe bringen, was eine Methode ist, die wohl nur, wenn überhaupt, in der Grundschule funktioniert, ein Handzeichen, bei dem man den Mittel- und den Ringfinger auf den Daumen legt, der Zeige- und der kleine Finger weisen nach oben und bilden somit symbolisch einen Fuchskopf, der sein Maul geschlossen hält und die Ohren spitzt.

Die Schülerin Chantal fragt deshalb die junge Lehrerin: »Wie alt bist du überhaupt?«

Lehrerin: »Wie fändest du die Idee, mich zu siezen?«

Der Schüler Danger sagt: »Wie fänden Sie die Idee, mir einen zu blasen?«

Was ist hier schiefgegangen?

Die Schülerin Chantal will der Lehrerin klarmachen, dass der Schweigefuchs nicht die Methode ist, mit der man sich in einer 10. Klasse durchsetzen kann, beziehungsweise sich ein Schüler der 10. Klasse angesprochen fühlt. Sie erlaubt sich daraufhin die Unverschämtheit, die Lehrerin zu duzen.

Die Lehrerin reagiert ebenfalls unangemessen, indem sie Distanz von der Schülerin durch das Siezen einfordert.

Darauf reagiert der Schüler Danger provokativ.

Das Gespräch mit der Klasse ist gescheitert.

Was lernen wir daraus?

Der Lehrer sollte, wenn er die Klasse noch nicht kennt, die Schüler mit vorsichtiger Distanz behandeln. Siezen, spätestens ab dem zehnten Schuljahr, wäre da durchaus ein erstes Mittel. Er muss sich zunächst Respekt verschaffen. Er sollte selbstbewusst auf Provokationen reagieren, beziehungsweise es erst gar nicht dazu kommen lassen. Anbiedern darf sich ein Lehrer aber auch nicht. Er sollte den Schülern klarmachen, dass er authentisch ist, überzeugt ist von seinem Tun. Er muss sich Autorität verschaffen. Das ist aber an keiner Universität zu lernen, das muss man mitbringen.

Weil er sich erinnert, dass er einmal in ein Catcherzelt geguckt hat

Der Lehrer weiß natürlich nicht, wie es dem Leser geht, wenn er an früher denkt. Dem Lehrer geht es so, dass seine Erinnerungen in Bildern abgespeichert sind. Und so springt ihm ab und zu mal so ein Bild in den Kopf, das dann eine Zeitreise zulässt, so wie neulich, als ihn das Bild vom Catcherzelt aus den frühen 70er-Jahren des letzten Jahrhunderts wieder in den Sinn kam. Damals war René Lasartesse mehrfacher Welt- und Europameister im Catchen, oder »Catch as catch can«, etwas zwischen Sport, Show und Schauspielerei. Primitive Unterhaltung für die Unterklasse. So war die Einstellung in der gehobenen Gesellschaftsschicht.

Dieses rot-weiß gestreifte Catcherzelt stand damals in der Nähe des Hamburger Hauptbahnhofes auf einem Grundstück, das sonst als Parkplatz genutzt wurde. Später wurde es mit mehrstöckigen Geschäftshäusern bebaut. An so einem Abend war der Lehrer ohne besonderes Ziel unterwegs, und so ließ er sich anziehen von dem Lärm, der aus dem Zelt kam. Hinter dem Zelt war ein kleiner Spalt in der Plane, sodass er von außen hineinsehen konnte. Man konnte Menschen sehen, die sich über die Ereignisse im Ring erregten. Pfeifen, Brüllen, Johlen! Es wurde Bier aus Flaschen getrunken, geraucht, der Joint wurde rumgereicht, es wurde gedroht und geschimpft, gelacht, umarmt, die Arme emporgerissen. Im Ring stand der Weltmeister und spielte den Arroganten, der den Gegner entsprechend behandelte und dadurch die Volksseele zum Überkochen brachte. Ein Meister nicht nur im Ringen, auch ein Lehrmeister in der Unterhaltung.

Und draußen stand der Junglehrer und sah staunend zu.

Was er aus diesem Abend mitnahm, war folgende Erkenntnis: Man kann das Volk, die Menschen nicht ändern. Sie sind so, wie sie sind.

Sie müssen hart arbeiten und wollen am Abend unterhalten werden, ihren Spaß haben. Und den muss man so verpacken, dass er ankommt.

Er stellte deshalb eine These für sich auf: Solange er Lehrer ist, muss man seine Ziele unterhaltsam verpacken. Die Schüler sind nicht anders als die Menschen im Catcherzelt. Sie freuen sich, wenn etwas interessant und spannend daherkommt, wenn man Partei ergreifen kann, denn man will angestiftet werden zu guter Laune oder Empörung. Hauptsache, das Lernen kommt in Gang.

Deshalb:

Locke deine Schüler aus der Reserve, verblüffe sie, lege sie aufs Kreuz, gehe neue Wege, werde auch mal laut, flüstere, sprich freundlich, unterhalte sie, gib ihnen auch Einblicke in das Privatleben des Lehrers. Dann werden sie dir auch folgen und vertrauen. Eins aber sollte der Lehrer nie machen: seine Schüler langweilen.

Das hat der Lehrer so verinnerlicht, dass er auch seine private Umwelt unterhalten will, zum Beispiel sein fast dreijähriges Enkelkind. Er wird zwar als Opa freudig begrüßt, aber dann muss schon mehr kommen, als nur anwesend zu sein. Da das Enkelkind vor Kurzem eine Handpuppe bekommen hat, Falko den Adler, in den man seine Hand in den Schnabel und die andere Hand in einen Flügel stecken kann, wird nun das schauspielerische, das dramaturgische Talent in ihm gefordert. Und in der Tat, es funktioniert, der Adler wird als reale Person akzeptiert. Ob Falko denn mal auf dem Plüschpferd des Enkelkindes reiten darf. Ja, aber nur ganz kurz. Da Falko aber zu lange auf dem Pferd sitzt, kriegt er jetzt Schläge. Falko fängt an zu weinen, was wiederum eine neue Reaktion hervorruft. Nun wird Falko getröstet.

Und das erinnert ihn alles nun wieder an Shakespeare:

Die ganze Welt ist eine Bühne
Und alle Fraun und Männer bloße Spieler.
Sie treten auf und gehen wieder ab,
Sein Leben lang spielt jeder manche Rollen.

Aber wie gesagt, langweilig sollte die Rolle nicht gespielt werden.

Weil es eine Bildungsreform geben muss

Die Mutter des Lehrers hatte ihm als jungen Menschen einen Spruch an die Wand gehängt. Darauf stand, spießig eingefasst in roten Rosen auf lackiertem Holz: »Wer schaffen will, muss fröhlich sein!«

Damals fand er den Spruch saudämlich. Heute sieht er das anders, diese banale Weisheit ist eine Grundvoraussetzung zum Gelingen eines Vorhabens. Wenn man zu den sogenannten Morgenmuffeln gehört und diese »Muffligkeit« sich bis in den Nachmittag zieht, sollte man darüber nachdenken, ob man doch lieber Barkeeper werden sollte.

Vor einiger Zeit hat Günther Jauch in der seiner inzwischen abgesetzten Sonntagabendtalkrunde das Thema »Bildungsreform« auf das Tapet gebracht.

Mit dabei waren unter anderem David Precht und ein Schulleiter von einer Gemeinschaftsschule aus Berlin, der meinte, dass 50 Prozent der Lehrer ihren Beruf verfehlt hätten, denn der angehende Lehrerstudent fragt sich nicht selbstkritisch genug, warum er Lehrer werden will, denn nicht das studierte Fach ist in der Schule gefragt, sondern wie man Jugendliche unterschiedlichster Herkunft voranbringt.

Wo sind die Lernhemmungen oder Störungen? Inwieweit belastet die soziale Herkunft das Lernen?

An seiner Schule muss keiner eine Klasse wiederholen. Lehrer helfen Schülern, Schüler helfen Schülern. Der Unterricht dort läuft projektbezogen. Schüler müssen häufig Referate oder Vorträge aus ihrer Erlebniswelt halten. Dadurch würden sie Selbstsicherheit erlernen.

Jauch stellt die Frage: »Wo bleibt Goethe?«

Precht meint, dass man am *Faust* das ganze Wirtschaftssystem erklären könne. Hallo! Wie macht man das denn methodisch?

Für den Lehrer ist nachvollziehbar, dass immer noch an den heutigen Schulen zu viel gepaukt wird, sogenanntes Bulimielernen. Man lernt für eine Arbeit. Stopft alles in sich rein, ohne irgendwelche Zusammenhänge mit dem eigenen Leben zu erkennen, spuckt dann bei der Arbeit sein angelerntes Wissen wieder aus und vergisst es anschließend sofort wieder, da es keine weiteren Verbindungen zur eigenen Person gibt. Aber erst wenn Verknüpfungen sich im Hirn gebildet haben, wird der Lernende Fragen daraus entwickeln können, die auch den Mut beim Lernenden mit sich bringen, nachzuhaken. Wenn man eine Frage hat, ist man nicht blöd. Man kann eher davon ausgehen, dass 90 Prozent der anderen Lernenden genau dieselbe Frage haben, die sich aber nur nicht trauen, sie zu stellen, weil man ja glauben könnte, dass man zu blöd ist. Ein Teufelskreis beginnt. Das ist wirklich frustrierend und absolut lernfeindlich. Die Schule ist gescheitert.

Precht sagt – und da ist er nicht der Einzige –, dass Zusammenhänge vermittelt werden sollten und dass man mehr auf individuelles Lernen Rücksicht nehmen sollte.

Deshalb seine Forderung: Kindergartenpflicht ab drittem Lebensjahr, Gesamtschule für alle bis zur 10. Klasse, viele Projekte, Verzicht auf Noten.

Das ist ja nun auch nichts Neues, aber doch immerhin eine Entwicklung in die richtige Richtung. Man bräuchte es ja eigentlich nur zu machen.

KAPITEL 5

SELBST-BEWUSSTSEIN ZEIGEN

Was ist zu tun? Was macht man da als Lehrer?

Weil man gegen braune
Gesinnung vorgehen muss

Der Lehrer weiß, dass die Demokratie kein selbstverständliches stabiles Fundament für einen Staat ist. In Zeiten, wo alles gut läuft, braucht die Demokratie sich um ihre Existenz keine Sorgen zu machen. Das sieht in Krisenzeiten anders aus. In dem Maße, wie Juden- und Ausländerfeindlichkeit wieder Fuß fassen, wo Flüchtlinge als Bedrohung erlebt werden, darf der Lehrer nicht dabeistehen und zugucken. Er muss den Mund aufmachen, in der Schule, in der Öffentlichkeit, im privaten Bereich.

Und wenn einer anhebt zu sagen: »Ich bin ja kein Nazi, aber bis vor Kurzem konnte eine Frau noch unbehelligt über die Straße gehen. Das darf man ja wohl heute, wenn man an die Ereignisse in Köln oder Hamburg denkt, noch sagen dürfen«, dann kann die Antwort nur so sein: »Doch, dann bist du ein Nazi, wenn du so was sagst. Natürlich ist die Flüchtlingsproblematik ein großes Problem für uns alle. Und keiner weiß, wie das gelöst werden kann. Aber wenn fast täglich Asylunterkünfte von Brandstiftern angezündet werden, dann ist es auch nicht mehr weit, bis wieder Menschen brennen.«

Oder was sagt man einem, der auch noch stolz verkündet: »Ich gehe nicht mehr zur Wahl. Ich fahre am Sonntag ans Meer. Da hab ich mehr davon. Die da oben machen sowieso, was sie wollen, die müssen mal einen Denkzettel bekommen.«

Da kann der Lehrer nur so antworten:

»Das ist eine völlig unpolitische Äußerung. Wählen ist Bürgerpflicht. Ich gehe zur Wahl, weil ich nicht will, dass andere über mich entscheiden. Mit meiner Stimme nehme ich Einfluss auf die Politik im Land. Jeder Wahlberechtigte kann somit an der Demokratie teilnehmen. Es gibt genug unterschiedliche Parteien. Wer mit den existierenden Parteien nicht zufrieden ist, kann ja seine eigene Partei gründen und dann so gut argumentieren, dass er gewählt wird. Und gibt es denn einen anderen Weg? Diktatur, Monarchie? Um Gottes willen! Da weiß man ja, was dabei rauskommt.«

Dann hätte der Lehrer zwar einige »Freunde« weniger, aber zumindest wären die Fronten geklärt.

Über zehn Prozent der Ostdeutschen und fast sieben Prozent der Westdeutschen haben ein rechtsextremes Weltbild. Rechtspopulistische Parteien haben wieder Zulauf und zweistelliges Wählerpotenzial. Die Angst geht um. Wer Angst hat, kann nicht denken. Der kauft sich Waffen und stellt Bürgerwehren auf.

Was ist zu tun? Was macht man da als Lehrer?

Man besucht mit seinen Schülern am besten eine Asylunterkunft. So kann man sich selbst ein Bild machen von der Lage. Inzwischen gibt es nahezu in jeder Schule Flüchtlingskinder. Diese Situation muss der Lehrer aufgreifen und hier die Kontakte unter- und miteinander besonders pflegen. Jede persönliche Beziehung oder Freundschaft hilft, Vorurteile abzubauen und die »Angekommenen« in die europäische Kultur zu integrieren.

Auch ein Besuch in einer KZ-Gedenkstätte ist hilfreich; zeigen, wo es endet, wenn demokratische Rechte außer Kraft gesetzt werden, das Recht des Menschen für ein selbstbestimmtes Leben.

Oder der Lehrer macht die Banalität des Bösen zum Thema, fährt mit seiner Klasse nach Oberammergau, erfreut sich mit seinen Schülern an der schönen Natur, besteigt den einen oder anderen Berg, isst gemeinsam ein Eis, bewundert die schöne Barockkirche und besucht im Heimatmuseum die Ausstellung zur Ortsgeschichte von 1933 bis 1945. Die Ferienregion wurde ab 1935 »arisiert«. Juden durften nicht mehr anreisen. Ein paar Jahre später mussten für die deutschen Soldaten Arm- und Beinprothesen hergestellt werden. Da blieb das Schnitzen von Heiligenfiguren und Passionssouvenirs hintan. Bei der Handprothese hatte der Betroffene vielleicht noch die makabre Wahl zwischen Faust, ausgestreckten Fingern oder ausgestrecktem Mittelfinger. Aber auch der geschickteste Herrgottschnitzer kann kein Hirn ersetzen, das nicht oder nicht mehr vorhanden ist.

Und dann wird hoffentlich auch dem bildungsfernsten Schüler klar, dass die Demokratie in unserem Land zu behüten und zu pflegen ist.

54. GRUND

Weil er sich über artige Schüler nicht richtig freuen kann

Das Fernsehprogramm gibt aus seiner Sicht nichts Besseres her. Deshalb sieht er sich *Deep Impact* zum dritten Mal an. In dem spannend inszenierten Katastrophenfilm von 1998 rast ein riesiger Komet auf die Erde zu. Wenn der einschlägt, ist es mit allem Leben auf unserem Planeten vorbei. Morgan Freeman schickt als amerikanischer Präsident eine Weltraummission ins All, um die Welt zu retten. Robert Duvall und seine Crew sehen nach 90 Minuten Spielfilmzeit keinen anderen Ausweg, als sich selber zu opfern, um ihren Auftrag zu erfüllen. In einer auf die Tränendrüsen drückenden Szene verabschieden sich die Tapferen von ihren Familien. Und da kommt der Lehrer so sehr ins Nachdenken, dass er beinahe den Rest des Films verpasst. Da schreibt das Drehbuch einem smarten Mittdreißiger vor, sich von seinem kleinen Sohn mit den Worten »Sei immer schön artig« zu verabschieden.

Einem vor dem Tod stehenden Vater ist die wichtigste Message an sein Kind, dass es sich immer gesittet und brav verhalten und wohlerzogen benehmen soll! Bei dieser Prioritätensetzung stellen sich bei ihm die Nackenhaare auf. Natürlich erleichtert es auch ihm das Unterrichten, wenn die Klasse artig ist. Aber das war, ist und wird nie seine oberste Prämisse in seinen Erziehungszielen sein. Wie soll sich denn ein Kind zu einem selbstbewussten, selbstständigen und kritikfähigen Erwachsenen entwickeln, wenn es immer artig ist?

Er muss allerdings zugeben, dass er diese Einstellung nicht immer vorbildhaft gelebt hat. Er erinnert sich noch gut an die Weihnachtsfeste, als seine Kinder noch klein waren und sein Kumpel den Rotgewandeten mit Bart spielte. Dann sagten seine Sprösslinge brav das von ihm gelernte Gedicht auf:

Lieber guter Weihnachtsmann,
schau mich nicht so böse an.
Stecke deine Rute ein!
Ich will auch immer artig sein.

Aufmerksam geworden, entdeckt er, dass der Begriff zwar nicht mehr modern ist, aber an unerwarteter Stelle auftaucht. So liest er den Namen einer Hamburger Restauration: »Café ARTig«. Bleibt nur zu hoffen, dass die kreativen Namensgeber mit der »Kunst« gespielt haben und sich nicht der Erwartung hingeben, dass sich alle Lütten so benehmen. Sonst könnten sie ja gleich ehrlicherweise das Schild »Kinder nicht erwünscht« an die Tür hängen.

Erstaunt muss er auch feststellen, dass es eine nicht unbekannte Deutsch-Pop-Rock-Band gibt, die sich mit »Artig« betitelt. Muss er sich unbedingt mal anhören, hat er doch die Hoffnung, dass die Gruppe den Begriff ironisch musikalisch entlarvt. Wird er enttäuscht, droht bei ihm ein »Deep Impact«.

Weil er sich von furchtbaren Nachrichten nicht verbiegen lässt

Alle paar Wochen treiben die Medien eine neue Sau durchs Dorf. Die Vorgänge in der Ukraine werden von einem drohenden Grexit verdrängt. Die Flüchtlingskrise rückt in den Hintergrund, weil in Paris 130 Menschen mehreren Attentaten zum Opfer fallen. Einer der größten Autohersteller der Welt betrügt Millionen seiner Kunden. Da kann der Vorstandsvorsitzende nur froh sein, wenn die Börse in China vor dem Zusammenbruch steht. Dann ist er zumindest für ein paar Tage aus dem Schussfeld.

Der Lehrer hat ja ein gewisses Verständnis für das Bestreben der Gazetten nach höheren Auflagen und das Bedürfnis der breiten Bevölkerung nach Information. Wenn sich aber Hochpuschen und Nachhaltigkeit in der Berichterstattung nicht die Waage halten, dann macht ihn das sauer.

Zu den furchtbaren Nachrichten zählen seit einigen Jahren Berichte über den Missbrauch Schutzbefohlener. Neben den unzähligen Fällen, die im familiären Umfeld aufgedeckt werden, erschrecken die Zahlen, die im Zusammenhang mit Institutionen veröffentlicht werden. Da ist er der sich wandelnden Presse dankbar für die Aufklärungsarbeit, denn noch vor wenigen Jahrzehnten fand sich kein Medium, das über diese Zustände berichtete. Gerade heute berichtet seine Tageszeitung über »Das Leid der Domspatzen«. Mehr als 200 Kinder der Regensburger Domspatzen wurden Opfer von Gewalt, viele von ihnen wurden sexuell missbraucht. Das zuständige Bistum zeigt sich entsetzt und unterstützt die Aufklärung der Vorgänge.

Der Lehrer ist auch entsetzt. Das aber nicht nur, weil er das Verhalten der Täter verabscheut, sondern es ihn im Mark seines Berufes trifft. Und wenn dann noch ein exponierter Politiker der

Grünen glaubt, »Alle Männer sind potenzielle Vergewaltiger« von sich geben zu müssen, macht er sich ernsthafte Gedanken darüber, wie er seiner Profession noch nachgehen soll.

Wenn geballtes Misstrauen um sich greift, wie soll er dann noch einen Grundschüler in den Arm nehmen können, um ihn zu trösten? Wie soll er, ohne dass er gleich scheel angeschaut wird, einer Schülerin der 9. Klasse im Sport Hilfestellung geben? Wie soll er sich noch, ohne unter Verdacht zu geraten, mit einer Schülerin nach dem Unterricht treffen, weil er ihr beistehen will?

Wenn die Medien und die Täter erreichen, dass er sich nicht mehr trauen kann, die Nähe eines Schülers zu suchen, weil alle, die mit Schutzbefohlenen vertraut umgehen, unter Generalverdacht stehen, dann ist das nicht mehr sein Beruf.

Aber nein. Er weiß, wie wichtig Empathie für seine Schüler ist. Er wird auch weiterhin dem Achtjährigen tröstend, anerkennend oder beschwichtigend mit der Hand über den Kopf streichen. Er wird sich nicht verbiegen lassen, nur weil Teile der Kirchen ihren christlichen Glauben nicht gelebt haben.

56. GRUND

Weil er von Kollegen lernen kann, wie man es nicht machen sollte

Manchmal helfen dem Lehrer auch Zufälligkeiten bei seinem pädagogischen Lernprozess. Er wird als Fachmann von einem Freund um seine Meinung gebeten.

Dieser hat einen Brief des Klassenlehrers erhalten. Er ist entsetzt über diesen Brief und möchte wissen, wie man damit umgehen soll.

Der Brief in leicht gekürzter Form mit geänderten Namen:

Liebe Eltern,

bevor auch ich mich ein wenig ausruhen kann, wollte ich Ihnen noch einige Informationen über die Klassenreise mitteilen, da es zu einigen unglücklichen Vorfällen kam. Ein Teil davon betrifft nicht alle Schüler, allerdings halte ich es für sehr wichtig, dass Sie mit Ihrem Kind darüber sprechen.

Es gab natürlich grundlegende Regeln, wie es sich für eine Schulveranstaltung gehört. Einige Schüler schienen allerdings den Eindruck zu haben, dass sie sich im Urlaub befinden. Ziel dieser Reise war es, dass die Klasse als Gemeinschaft zusammenwächst, Sozial- und Teamkompetenzen entwickelt und grundlegende Verhaltensregeln innerhalb einer Gemeinschaft einhält.

Wir mussten in Eutin leider eine Stunde auf den Bus warten. Am Bahnhof gab es einen Kiosk, in dem sich einige Schüler Energydrinks gekauft haben. Als ich das bemerkte, wurden diese einkassiert, da diese Getränke eigentlich erst ab 18 Jahren freigegeben sind. In der Herberge habe ich jeden aufgefordert, mir solche Getränke auszuhändigen. Mir wurde versichert, dass keiner mehr im Besitz solcher Getränke sei. Heute nach dem Aufräumen habe ich dann doch eine leere Dose gefunden.

Ich hatte ein absolutes Handyverbot ausgesprochen. Im Zeitraum zwischen 19.30 Uhr und 20.30 Uhr konnte sich jeder mit seinem Handy beschäftigen und sollte es danach wieder nicht mehr sichtbar im Zimmer lagern. Dieses Handyverbot wurde massiv missachtet; Schüler waren nach 21.00 Uhr immer noch telefonierend aufzufinden, es wurden Nachrichten verschickt, Videos gezeigt, etc. Habe ich mich außerhalb aufgehalten, wurden die Geräte versteckt oder die Schüler haben sich versteckt und es wurde behauptet, dass ich mich irre. Schlicht: Ich wurde für dumm verkauft.

Einige Schüler haben mir gegenüber einen sehr ausfallenden und unverschämten Ton. Bei allem Verständnis für das Alter und die Pubertät, meinem Lehrer hätte ich niemals den Mittelfinger gezeigt, Käse an den Kopf geworfen, Fragen mit »Hä!« beantwortet und die

Augen verdreht. Solche Schüler gibt es in jeder Gruppe. In meiner Klasse habe ich allerdings gleich zehn davon.

Bettruhe war von uns und dem Haus für 22 Uhr angesetzt. Bei allem Verständnis, wir waren alle auf Klassenreise und haben versucht, die Regeln auszudehnen. Wenn mir der Heimleiter berichtet, dass einige Jungen sich zwischen 00.00 Uhr und 00.30 Uhr noch draußen aufhalten, dann ist das für mich eine massive Regelverletzung.

Sie sehen, dass die Reise leider nicht so entspannend und freudig für mich verlaufen ist. Ich habe aber die Hoffnung, dass die laaaangen Gespräche mit ALLEN und mit den Beteiligten ein wenig zur Einsicht führen. Werde ich im Laufe der nächsten Jahre keine Verbesserung bemerken, sehe ich von einer weiteren Klassenfahrt ab.

Ich würde Ihnen gerne trotzdem sagen, dass die Reise aus meiner Sicht ein guter Erfolg war. Am zweiten Tag hat man tatsächlich bemerkt, wie die Gruppe zusammenwächst und sich gegenseitig unterstützt und hilft. Das war doch sehr rührend zu beobachten.

Obwohl eine solche Reise häufig anstrengend sein kann, bin ich doch froh, dass ich die Schüler außerhalb der Schule kennenlernen durfte.

Ich stehe jedem von Ihnen bei Fragen selbstverständlich gerne zur Verfügung.

Ich verbleibe

Mit herzlichen Grüßen

Peter Petermann

PS: Es gab keinen besonderen Grund, dass wir die Reise früher abgebrochen haben. Frau Precht und ich hatten den Eindruck, dass die Luft raus ist und die Schüler von den Tagen sehr erschöpft waren. Da ich auch nicht absehen konnte, wie die Verbindungen sind, wurden Sie relativ spät benachrichtigt. Allerdings sage ich Ihnen auch ehrlich, habe ich nicht erwartet, dass es bei Schülern einer 8. Klasse ein Problem geben könnte, wenn die Eltern ihr Kind nicht abholen können.

Der Lehrer muss tief Luft holen, denn schließlich geht solch ein Schreiben auch auf die Kappe seines Berufsstandes. Aber er bleibt seinem Freund gegenüber ehrlich. Er teilt sein Entsetzen. Aber kreativ, wie er ist, hat er einen Vorschlag, wie man aus solch einem Brief noch Kapital schlagen könnte. Er greift die Idee auf, nach der alle Lehrer zu Beginn ihres Studiums einen Eignungstest machen sollten. Bestandteil könnte der vorliegende Elternbrief sein.

Allen Aspiranten, die an dem Machwerk nichts auszusetzen hätten, sollte nahegelegt werden, eine andere Berufswahl zu treffen.

57. GRUND

Weil er Vorurteile gegenüber seinem Beruf widerlegen kann

Als er sich entschied, Lehrer zu werden, hatte er keine Ahnung von den Vorurteilen, die ihm im Laufe seines Berufslebens begegnen würden. Er war erst sieben Jahre alt, als er sich entschied, Pädagoge zu werden. Die damaligen Beweggründe erschließen sich ihm heute nicht mehr. Während der Schulzeit wurden zwar auch andere Optionen erwogen, aber nach dem Wehrdienst stand die Entscheidung fest. Er hat es nie bereut.

Weil er seiner Profession voller Überzeugung nachgeht, treffen ihn Vorurteile zwar nicht, ärgern ihn aber doch. Wenn im Freundeskreis mal wieder über die vielen Ferien und den Beamtenstatus gefrotzelt wird, bleibt ihm nur nachzufragen, warum sie dann nicht selber den Mut gehabt hätten, Lehrer zu werden. Mit die schlimmste Unterstellung für ihn ist, dass Lehrer ihren Beruf nur ergriffen haben, weil sie zu feige sind, sich der freien Wirtschaft zu stellen.

Wie so oft ist ihm seine Tageszeitung eine Quelle der Offenbarung. Dort wird vom »Freeriding« berichtet.

Die Überschrift führt ihn zuerst auf die falsche Fährte. Er denkt an kostenloses Reiten. Interessiert ihn nicht, weil er in jungen Jahren schlechte Erfahrungen gesammelt hat. Erst war der Gaul nicht davon abzuhalten, den Kopf zum Fressen zu senken, was seinen Reitlehrer zu lauter Kritik veranlasste. Nachdem er an Sicherheit gewonnen hatte, traute er sich, im Urlaub am Meer einen Ausritt zu unternehmen. Am Strand. Er war des Vierbeiners nicht Herr. Der stakste, er konnte an den Zügeln ziehen, wie er wollte, schnurstracks in die kalte Ostsee. Die Stute fühlte sich wohl. Er, bis zur Hüfte im Wasser, nicht. Er schwor sich, nie mehr zu reiten. Erst Jahre später überredeten ihn Freunde doch noch einmal aus Spaß an der Freude, auf solch ein Monster zu steigen. Aber dazu kam es gar nicht. Beim Rausführen aus der Box kam es dem vor ihm gehenden Gaul in den Sinn, nach hinten auszuschlagen. Obwohl er wirklich kein Weichei ist, verzichtete er nach dem Tritt gegen sein Schienbein auf den Ausritt. Pferde mochte er seitdem nur noch, wenn andere darauf saßen oder sie auf der Koppel grasten.

Er liest den Artikel aus unerfindlichen Gründen weiter. Freeriding hat mit Pferden gar nichts zu tun. Es geht ums Skilaufen. Nicht auf einer planierten Piste, sondern abseits im naturbelassenen Terrain. Den Freeridern reicht aber nicht das schlichte Tiefschneefahren, sondern sie suchen das Hochgebirge. Dort stürzen sie sich mit Snowboard oder Skiern in die Tiefe. Eine der gefährlichsten Sportarten, die im Wettbewerb ausgeübt werden. Ein Deutscher namens Felix Wiemers ist weltweit einer der Besten dieser Zunft. Leben kann er nicht von dieser Besessenheit. Durch sein Berühmtsein stehen ihm beruflich doch alle Türen offen. Er wird trotzdem Lehrer.

Da komme ihm noch einer mit dem Vorurteil, Lehrer seien zu feige, einen anderen Beruf zu ergreifen.

Wenn George Bernhard Shaw »Wer kann, tut. Wer nicht kann, lehrt« gesagt hat, kann er nur vermuten, dass der nicht den Mut hatte, einen so schwierigen Beruf zu ergreifen. Wenn er könnte, möchte er dem großen Dichter entgegenrufen: »Wer tut, kann das beileibe nicht immer. Und wer lehren kann, kann sich glücklich schätzen.«

Weil er den Begriff »Disziplin« nicht verabscheut

Beim Stammtisch bei seinem Griechen kommt irgendwie, es ist wie immer, hinterher weiß keiner, wie es zu Streitfällen gekommen ist, die Frage auf, woher der Begriff »Disziplin« stammt. Christos, der Hausherr, weiß den Stammtisch zu erstaunen. Er versucht gar nicht erst, die einzelnen Silben im Altgriechischen zu verorten, sondern erklärt unumwunden, dass dieser Begriff dem Lateinischen entstammt. Dieses Erstaunen muss dem Außenstehenden erklärt werden. Eigentlich hat für unseren geliebten Hellenen alles seine Wurzeln im alten Griechenland. Abgesehen von den Dingen, die heutzutage nicht so hoch im Kurs stehen. Da kann es schon verstören, wenn tatsächlich ein gängiger Begriff wie »Disziplin« nicht aus dem Griechischen abgeleitet werden kann. Um alle Stammtischmitglieder vor dem leichtsinnigen Wetteinsatz einer Flasche Rotwein zu schützen, schlägt Christos vor, sein Notebook zu holen, um zu googeln. Sehr anerkennenswert, dieser Vorschlag. Schließlich hebt jede Wette seinen Umsatz.

Christos hat recht. Das Wort ist dem Lateinischen entlehnt. Erst im 19. Jahrhundert begann man, unter »disciplina« – »Lehre, Zucht und Schule« zu verstehen. Warum sich neben der Bezeichnung eines Benehmens auch das Teilgebiet eines Betätigungsfeldes als Disziplin benennt, erschließt sich nicht.

Der Lehrer fühlt sich bemüßigt, das Augenmerk seiner Gesprächspartner auf seine Disziplin, sein Betätigungsfeld zu lenken. Und das hat viel mit Disziplin zu tun. Er wählt zwar die falschen, abgehobenen Worte, als er von der Bipolarität des Begriffes spricht. Zum einen sei Disziplin nach innen gerichtet als Gehorsam und Selbstbeherrschung. Zum anderen aber ist sie nach außen gerichtet, weil sie ein bestimmtes Benehmen, Diszipliniertheit einfordert. Veraltet wurde das als Zucht bezeichnet.

Sein Stammtisch hat ein Durchschnittsalter jenseits der 60. Ihre Erinnerungen an die schulische Diszipliniertheit sind stark verbunden mit dem Begriff der Zucht. An Züchtigungen können sie sich gut erinnern. Aber trotz dieser eigenen, negativen Erfahrungen halten sie auch in der heutigen Schule Disziplin für unabdingbar. Das freut den Pädagogen. Denn obwohl auch er erlebt hat, wie die unfähigsten Lehrer versuchten, ihre Defizite mit Gewalt und psychischem Terror zu verdecken, hat er die Auswirkungen der antiautoritären Erziehung während seiner Studienzeit noch deutlich in Erinnerung. Nach 1968 verschwand der Begriff »Disziplin« weitgehend aus der deutschsprachigen Pädagogik.

Er ist fest davon überzeugt, dass man seine Profession nicht weich spülen darf. Es bedarf der Disziplin.

Nach innen gerichtet, nicht nur wenn es um seine Schüler geht, sondern auch um ihn und seine Kollegen. Wenn er es nicht schafft, pünktlich zum Unterricht zu kommen, hat er die Legitimation verloren, dasselbe von seinen Schülern einzufordern. Ähnliches gilt für seine Unterrichtsvorbereitung und die Zeit, die er sich für die Korrekturen der Klassenarbeiten lässt. Zudem kann er nicht an seinem Pult sitzen und essen und trinken und vielleicht noch an seinem Handy rumspielen, wenn er seinen Schülern solche Verhaltensweisen untersagt. Ja, er steht dazu, dass er eine Vorbildfunktion hat. Er lässt sich dabei auch nicht von dem fadenscheinigen Argument beirren, dass Schüler und Lehrer nicht auf der gleichen Stufe stehen. Solche Kollegen erdreisten sich auch nach einem Elternabend, in dem ihr autoritäres Gehabe beklagt wurde, am nächsten Tag im Lehrerzimmer volltönend zu verkünden »Was kümmert sich eine Eiche, wenn die Sau sich daran schubbert«.

Auch nach außen gerichtet fordert er Disziplin ein. Wenn die Situation es erfordert, hat die ganze Klasse die Pflicht, den Mund zu halten. Sie haben die Pflicht zuzuhören, wenn ihr Lehrer etwas erklärt oder ein Mitschüler etwas vorträgt. Sie müssen lernen, es ertragen zu können, dass es Phasen der Stillarbeit gibt. Das sind

Phasen, in denen jeder von ihnen auf die ihnen gestellte Aufgabe konzentriert ist. Ohne Austausch mit dem Nachbarn. Dass sich diese Phasen mit denen der Freiarbeit abwechseln müssen, versteht sich von selbst. Diese Rhythmisierung versteht er genauso als die hohe Kunst der Pädagogik wie die Durchsetzung derselben.

Es gibt primitive und kreative Disziplinierungsmaßnahmen. Zu der zweiten gehört die nicht verbürgte eines belgischen Lehrers. Er machte sich sein Herrschaftswissen zunutze. Er war, wie seine Klasse auch, ein begeisterter Anhänger der Fernsehserie *Game of Thrones*. Was seine Klasse aber nicht wusste, war die Tatsache, dass er die komplette Serie schon als Buch gelesen hatte. Immer wenn die Klasse nicht seinen Vorstellungen von Diszipliniertheit entsprach, sprach er eine erste Drohung aus. Das sollte wirken wie eine Lärmampel, die auf Gelb steht. Wenn das nicht fruchtete, erzählte er einfach das Ende der gerade im TV laufenden Serie. Er brauchte das nur einmal zu machen. Dann zog die erste Drohung. Über seine Hilflosigkeit nach dem Ende der Serie ist nicht berichtet worden. Bleibt die Hoffnung, dass er seine Klasse ausreichend konditioniert hatte und damit auf solch geniale pädagogische Tricks verzichten konnte.

59. GRUND

Weil er seine eigene Interpretation der Relativitätstheorie hat

Er hält sich für hinreichend intelligent. Die zwei Tests, denen er sich bezüglich seines Intelligenzquotienten gestellt hat, zeigten zwar keine Anzeichen von Hochbegabung auf, waren aber auch nicht niederschmetternd. Aber das mit der Relativitätstheorie von Einstein hat er nie kapiert. Die universale Formel $E=mc^2$ hat er ja noch ansatzweise verstanden. Obwohl, dass man mit einem Kilogramm egal welcher Materie die Energie für ein ganzes Jahr für die ganze Welt erzeugen könnte, will nicht in sein Hirn. Ganz und gar setzt es bei ihm aus, wenn es um die Lichtgeschwindigkeit geht. Da behauptet Einstein doch tatsächlich, dass man jünger wird, wenn man sich mit mehr als 300.000 km/sek fortbewegt. Das entzieht sich seiner Vorstellung genauso wie die Tatsache, dass wir Sterne sehen können, die schon lange nicht mehr existieren.

Er wäre ein erbärmlicher Physiklehrer, aber er hat seine eigenen Vorstellungen von der Relativitätstheorie. Vieles ist relativ. Das immerhin versucht er seinen Schülern zu vermitteln. Wann hat man genug Geld? Wann ist man erfolgreich? Wann ist man glücklich? Ihm ist es ein urpädagogisches Bedürfnis, seinen Schützlingen in ihrer Findungsphase zu verdeutlichen, dass manche Empfindungen, Erlebnisse und Wahrnehmungen es verdienen, den richtigen Stellenwert zu erhalten. Er will die Schüler nicht weichspülen gegenüber Ungerechtigkeiten, aber eine objektive Sicht auf die Verhältnisse ermöglichen.

Er versucht, die Schüler da zu packen, wo auch er seine Affinitäten hat: beim Sport.

Da kann einer in seiner Sportart so erfolgreich sein, wie er will, aber wenn die Medien seine Sportart missachten, hat er keinen Stellenwert, der ihm Sponsorengelder sichert. Ein, zugegebenermaßen, begnadeter Fußballer verdient in einer Stunde so viel wie ein genauso begnadeter Geräteturner in einem Jahr. Unabhängig vom Verdienst verdichtet sich die Berichterstattung auf die Sieger. Wenn bei den Weltmeisterschaften oder der Olympiade der Zieleinlauf in den Langstrecken gezeigt wird, ist der Fokus der Kamera nur noch auf die Gewinner gerichtet. Die Nächstplatzierten haben Glück, wenn sie noch in der Übertragung auftauchen. Während die etwas Langsameren ins Ziel laufen, richten sich die Kameras auf die Interviews der Sieger. Da mag einer einen Landesrekord laufen und zu den Besten der Welt gehören, das Medium verweigert ihm die Aufmerksamkeit.

So relativ ist Erfolg in der öffentlichen Wahrnehmung.

»So relativ ist euer Erfolg, wenn eure Eltern und Lehrer nicht erkennen, was für eine Leistung es ist, wenn ihr statt 20 nur zehn Fehler im Diktat macht oder statt einer Vier eine Drei in der Mathearbeit schreibt.«

Er ist sich bewusst, dass das eine sehr persönliche Sicht auf die Relativitätstheorie ist, aber besser kann und will er nicht.

60. GRUND

Weil er sich nicht immer ärgert, wenn er als Besserwisser bezeichnet wird

Es soll Menschen geben, denen alles egal ist. »Alles egal« ist nicht ganz korrekt, denn ihnen ist schon wichtig, wie sie behandelt werden oder ob sie Erfolg haben. Aber wenn es um »Wahrheiten« geht, ist ihnen nur ein »von mir aus« zu entlocken. Sie stehen anscheinend über den Dingen, wenn es zu zweit oder in der Gruppe zu Streitigkeiten über Meinungen oder Fakten kommt. Sie geben zwar ab und an ein Statement ab, aber wenn das nicht gruppenkonform ist, lehnen sie sich zurück. Sie bekunden durch ihre Körpersprache und ihr Schweigen, dass sie bestimmtes Wissen nicht interessiert. Wenn man solch ein Verhalten gutwillig analysiert, sind das einfach Menschen, die jedem Streit aus dem Weg gehen wollen. Um des Friedens willen. Wenn man aber solch ein Verhalten kritisch hinterfragt, kann man auch zu anderen Schlüssen kommen. Was für eine Memme, die sich nicht traut, in einen Disput zu gehen. Was für ein asozialer Lump, der die Streitenden in all seiner Coolness so dastehen lässt, dass es ihnen nur um den Streit geht. Und was für ein armes Schwein, weil er es aufgegeben hat, nach der Wahrheit oder Lösungen zu suchen.

Der Lehrer hat in solchen Situationen immer eine Sonderstellung, denn alle waren mal Schüler. In einem bestimmten Alter glauben Schüler, dass Lehrer alles wissen. Später nehmen sie wahr, dass Lehrer so tun, als wenn sie immer alles wüssten. Das führt zu der Annahme einer Berufskrankheit: Besserwisser.

Dieses Image kann er sein Leben lang nicht ablegen. Dazu sind die Vorurteile zu gefestigt. Er mag ja auch seinen Teil dazu beigetragen haben, aber dieses Pauschalurteil hat er wahrlich nicht verdient. Natürlich sind Diskussionen manchmal anstrengend, führen auch öfter zum Streit. Natürlich ist es nervig für das Gegenüber, hinterfragt zu werden. Wenn einem Skepsis entgegenschlägt, hat das keiner gerne. Natürlich müsste man nicht immer um alle Fakten ringen. Zumal das Handy mit seinen Suchfunktionen meistens schnell die Lösung ausspuckt. Da ist jeder Disput schnell beendet. Aber es geht ja nicht nur um Fakten, sondern auch um den Austausch und Diskurs über tagespolitische Themen, Vorlieben für Musik oder Filme und grundsätzliche Einstellungen.

Er hätte seinen Beruf verfehlt, wenn er sich das Ringen um »Wahrheit«, die Neugier auf Wissen und die Freude am Streit nicht bewahrt hätte. Wenn er seine Lust am Disput und sein Bestreben, den Dingen auf den Grund zu gehen, subjektiv betrachtet, dann müsste er froh sein, wenn er mal wieder als Besserwisser betitelt wird. Vielleicht nimmt er das dann einfach als Kompliment.

61. GRUND

Weil er seinen Schülern gerne auch gerne mal unterlegen ist

Seinen Schülern gegenüber aber lässt der Lehrer nie den Allwissenden, den »Besserwisser«, heraushängen. Im Gegenteil. Im Laufe der wachsenden Berufserfahrung hat er gelernt, sich zu freuen, wenn Schüler einen Fehler seinerseits aufdecken oder Dinge besser beherrschen als er. Er versteckt sich auch dann nicht hinter dem uralten Lehrerkalauer »Klasse, ich wollte ja nur mal sehen, ob ihr aufgepasst habt«.

An seine eigenen Unzulänglichkeiten fühlt er sich beim Fernsehen erinnert, wenn *Wer wird Millionär?* läuft. Er muss es gestehen, er kann sich dieser Sendung nicht entziehen.

Diesmal steht ein wirklich sympathischer junger Mann bei einer Gewinnsumme von 500.000 Euro. Er bekommt die Millionenfrage. Vorher verspricht er noch, dass er das Boot, das er sich von dem Gewinn kaufen würde, auf den Namen Günther taufen würde. Diese Anbiederung zieht bei dem Moderator. Er gibt dem Aspiranten 35 Minuten Bedenkzeit. Der Jungspund gewinnt tatsächlich die Million Euro. Das findet der Lehrer schön, und er fühlt sich an seine Junglehrerzeit erinnert, denn die Frage lautete: »Wie viele Würfel hat der klassische Rubik's-Cube?«

Als der Zauberwürfel in Deutschland aufkam, war der ein »Das-muss-ich-haben-Ding«. Wie in seiner Kindheit der Hula-Hoop-Reifen und das Jo-Jo.

Er quälte sich wochenlang ab. Es gelang ihm nicht, alle Seiten des Würfels in einer Farbe erscheinen zu lassen. In seiner Verzweiflung kaufte er sich ein zweites Exemplar, um es mit Hammer und Meißel auseinanderzubrechen. So wollte er seine Familie täuschen. Der Zusammenbau scheiterte kläglich.

Irgendwann bemerkte er, dass der Zauberwürfel auch in seine Klasse einzog. Im Matheunterricht legte er das Ding auf den Tisch. Er verzichtete auf einen stillen Impuls und gestand seine Unfähigkeit, das Rätsel zu lösen. Er fragte die Klasse, ob ihm denn einer helfen könne. Acht Schüler meldeten sich. Alle konnten ihm den »richtigen Dreh« vorführen, aber keiner konnte ihm das Geheimnis der richtigen Taktik erklären. Da die Klasse aufmerksam wie selten war und seine Vorbereitung sehr offen gestaltet war, kam ihm spontan der Gedanke eines Wettkampfs. Der schnellste Dreher sollte gewinnen. Jens brauchte nur 15 Sekunden. Er zollte ihm unter dem Beifall der Klasse seine Anerkennung. Das fiel ihm auch nicht schwer. Er hat keine Schwierigkeiten, wenn seine Schüler etwas besser können oder wissen als er. Muss doch ein tolles Gefühl für ansonsten lernend Abhängige sein, die eigene Überlegenheit zeigen zu dürfen. Der Lehrer kann damit gut leben, weiß er doch, dass seine wahre Bestimmung nicht die Rechthaberei ist.

Ach ja, übrigens gewann der junge Mann die Million mit der Antwort: »26«.

62. GRUND

Weil er Wikipedia gerne nutzt, aber seine Skepsis nicht verliert

Ist das nicht herrlich, du hast von nichts eine Ahnung, gehst ins Internet, rufst Wikipedia auf, und schon weißt du alles, wonach du gesucht hast. Das Grandiose ist, dass sich das augenscheinlich unendliche Wissen nicht auf irgendwelche Fächer beschränkt. Da kann der 24-bändige Brockhaus, wenn man ihn denn noch zu Hause hat, nur klein beigeben. Nicht nur dass man auf alle Fragen eine Antwort erhält, man spart sich das stundenlange Blättern in den Tausenden von Seiten der Enzyklopädie. Natürlich kann man sich beim Klicken durch die Internetseiten auch verlieren, aber fast immer wird man vom Erfolg verwöhnt. Der Lehrer kann sich die Suchmaschine aus dem Alltag seiner Vorbereitungen nicht mehr wegdenken.

Ab und zu hat sich der Lehrer zwar schon mal gefragt, welche klugen Köpfe sich hinter den Antworten verbergen, aber die Fundstellen hat er immer für bare Münze genommen.

Skepsis erwischt ihn das erste Mal, als seine Tochter ihn nach Ideen für ihre Hausarbeit im Rahmen des Politikstudiums fragt.

Seinerseits macht sich Hilflosigkeit breit. Seine gut gemeinte, wie sich aber schnell herausstellt, naive Frage, ob sie denn schon mal an Wikipedia gedacht hätte, erntet einen Blick vernichtender Herablassung. Auf seinen erstaunten Gesichtsausdruck hin erklärt sie sich zur Aufklärung bereit. Wikipedia zu benutzen sei an der Uni, zumindest in ihrem Studiengang, verpönt. Das hätte mit wissenschaftlicher Arbeit nichts gemein! Da diese Aussage nicht diskutabel erscheint, unternimmt er auch gar nicht erst den Versuch einer Hinterfragung.

Der Stachel, den seine Tochter da in sein Lehrerhirn getrieben hat, hindert ihn zwar nicht, »Wiki« weiterhin fleißig zu nutzen, aber der Stachel sitzt. Er fängt an, nach Gründen für die Skepsis zu suchen. In seiner Tageszeitung wird er fündig. Dort äußert sich ein Wikipedianer. Der schwärmt von den Vorteilen der Schwarmintelligenz. Zudem macht er deutlich, dass alle Thesen auch mit Quellen belegt werden müssen. Natürlich sei die Gefahr von Scharlatanen gegeben, aber es gebe weit mehr Aufpasser als Autoren. Außerdem führt er als Beleg für angebrachtes Vertrauen die ehrenamtliche Tätigkeit der Verfasser an.

Das alles verunsichert den Lehrer nicht, sondern bestätigt ihn in seiner Meinung, dass auch er die riesigen Chancen des Mega-Lexikons nutzen sollte. Auch das gedruckte Wissen des Brockhaus und wissenschaftliche Abhandlungen sind von Subjektivität geprägt und, wie die Vergangenheit vielmals bewiesen hat, enthalten nicht immer die Wahrheit.

Die wirkliche Grenze, die der Lehrer bei der Nutzung von Wiki zieht, sieht er beim Unterschied zwischen seinen Schülern und sich. Natürlich sollen die Schüler im Internet recherchieren dürfen. Unabhängig davon, dass sich das gar nicht verhindern ließe, spiegelt sich darin ein Kern von Medienkompetenz wider. Soll der Schüler doch auch gerne die Internet-Pädagogen besuchen. Wenn sie über diesen Zugang besser lernen – fabelhaft!

Nur wenn die Schüler aufgefordert werden, andere Quellen und ihre Kreativität einzusetzen, birgt Wikipedia die Gefahr von

Verführbarkeit in sich. Eine Horrorvorstellung wäre es, wenn von künftigen Schülergenerationen nur noch Vorgekautes reproduziert würde.

Der Lehrer unterwirft sich selber dieser Vorgabe. Wär ja nach schöner, wenn er sich von *Wikipedia* seine Unterrichtsgestaltung vorschreiben lassen würde.

63. GRUND

Weil er sich stark dafür macht, dass alle Lehrer gleich bezahlt werden

Die Bezahlung von Arbeit ist häufig ungerecht. Das gilt für alle Berufe, für jede Arbeit. Entweder bekommt man zu viel, weil manche Arbeitsfelder völlig überbewertet werden, oder man bekommt zu wenig, weil der Beruf in der Gesellschaft unterbewertet wird.

Das hat sich jetzt die Landesregierung von Schleswig-Holstein zu Herzen genommen. Sie will endlich Gerechtigkeit in der Lehrerbesoldung. So plant sie in einem Gesetzentwurf, dass Lehrkräfte an weiterführenden Schulen ein gleiches Einstiegsgehalt bekommen sollen. Das sind immerhin für Hauptschullehrer, die an einer solchen Schule arbeiten, 450 Euro mehr im Monat. Diese Lehrer müssen sich über Lehrgänge weiter qualifizieren, um gleich eingestuft zu werden. Na, das ist doch mal ein erster Schritt zur Gleichbehandlung.

So weit, so gut.

Die Grundschullehrer sind von dieser Regelung aber ausgenommen.

Das Bildungsministerium in Kiel sagt:

»Der Unterricht an den weiterführenden Schulen ist sehr viel stärker berufs- und wissenschaftsorientiert. Kein anderes Bundesland bezahlt seinen Grundschullehrern ein gleiches Gehalt wie an den weiterführenden Schulen. Warum sollte das nun Schleswig-Holstein tun? Außerdem fehlt das Geld.«

Das muss man nun doch mal ein wenig genauer betrachten. Weil die Grundschulen nicht stark genug berufs- und wissenschaftsorientiert arbeiten, ist die Arbeit für die Gesellschaft weniger wert? Der Grundschullehrer macht im Vergleich zu den anderen Lehrkräften keine gleichwertige Arbeit?

Der Bildungsstaatssekretär sagt: »Wir wollen die Besoldungsungerechtigkeit an weiterführenden Schulen beseitigen. Das Studium der Grundschullehrer ist genauso fundiert wie das der anderen Lehrkräfte. Die Einstufung ist also keineswegs eine Geringschätzung der Grundschulkräfte, sondern beschreibt, dass sie ein anderes Aufgabenfeld als Lehrkräfte weiterführender Schulen haben. Gehaltsunterschiede sind im Landesdienst bei verschiedenen Aufgaben normal.«

Lehrkräfte weiterführender Schulen haben ein »anderes Feld« zu beackern als Grundschullehrer.

Arbeit mit einem Abiturienten ist eine andere als mit einem Erstklässler. Klar!

Die Wissensvermittlung wird höher eingeschätzt als die Grundlagenvermittlung? Warum?

Das Studium geht doch genauso lange. Das Bachelorstudium dauert mit leichten Unterschieden von Bundesland zu Bundesland für alle sechs Semester. Hat man das geschafft, ist man »Bachelor of Education«. Danach erfolgt ein viersemestriges schulbezogenes Studium für Grund-, Gemeinschaftsschule und Gymnasium. Nach erfolgreichem Studium darf man sich »Master of Education« nennen, wohl in der Bedeutung zu verstehen, dass man nun »Meister der Erziehung« oder »Meister des Unterrichtens« ist.

Hallo, was ist das denn für eine Anmaßung?

So darf man sich doch wohl erst nennen, wenn man 200 Jahre alt geworden ist und 100 Jahre davon unterrichtet hat. Das ist ein Titel, den kein menschliches Wesen erreichen kann. »Trainee of Education«, »Auszubildender für Erziehung und Unterricht« wäre eine bessere Bezeichnung. Das gilt übrigens für alle Lehrer. Es gibt keinen Guru, jeder kann und muss dazulernen. Zurück zum Thema:

Geht es nicht in allen Schulen um Schüler? Sind ältere Schüler eine größere Herausforderung für den Lehrer? Muss er sich deshalb intensiver vorbereiten? Die Korrektur einer Deutschklausur der 12. Klasse ist sicherlich zeitaufwendiger und anspruchsvoller als in einer 4. Klasse. Aber was ein Grundschullehrer allein über die Woche und an Wochenenden zur Korrektur nach Hause und Anschauungs- und Arbeitsmaterialien in die Schule schleppt, von der Vielfalt der Methodenüberlegungen ganz zu schweigen, bedeutet eine mindestens genauso hohe Belastung.

Was ist das für eine Wertschätzung! Hier hat man nicht das Gefühl, dass die Mitarbeiter im Bildungsministerium wissen, was sie da sagen.

Die Bildungsministerin sagt: »In der Grundschule wird vor allem pädagogisch gearbeitet, an weiterführenden Schulen berufsvorbereitend.«

Die GEW (Gewerkschaft Erziehung und Wissenschaft) sagt: »Wer ein Haus baut, muss sehr genau darauf achten, dass das Fundament stabil ist. Der ganze Überbau wäre sinnlos, wenn man den Unterbau vernachlässigen würde.«

Am Ende sagt der Bildungsstaatssekretär:

»Es ist nicht vertretbar, dass das finanzschwächste nördlichste Bundesland (sprich: Schleswig-Holstein) vorprescht. Wenn man alle Lehrer gleich bezahlte, wäre das für das Land Schleswig-Holstein eine Mehrbelastung von 17 Millionen Euro. Und das ist kein Pappenstiel.«

Der Bundestag hat vor Jahren beschlossen, 180 Flugzeuge des Jagdbombers Tornado anzuschaffen. Der Preis sollte bei 14,6 Milliarden Euro liegen. Nach der Lieferung von 143 Flugzeugen war diese Summe längst aufgebraucht. Ja, das ist auch kein Pappenstiel.

Geld ist also da, es ist nur die Frage, wie man es verteilt. Übrigens, zu einer Milliarde braucht es 1.000 Millionen.

Weil man eine Außenwirkung hat

Der Lehrer hat eine Außenwirkung, auch wenn er sich dessen nicht bewusst ist. Umso besser, wenn er das schnell begreift. So kann er sich einiges Gerede über ihn ersparen. Außerdem diszipliniert es, und das kann nie schaden.

Der Lehrer ist immer unter Beobachtung, in der Schule sowieso, aber auch wenn er privat unterwegs ist, beim Einkauf, bei der Fahrt in die Stadt oder im Lokal. Apropos Lokal: Auch wenn er ein Stammlokal hat, wäre er gut beraten, sich nicht täglich dort aufzuhalten. Nicht nur, dass er das Vorurteil bedient, zu viel freie Zeit zu haben, sehr schnell wird er in der Meinung der Leute auch zum Alkoholiker. Auch dienstliche Besprechungen mit attraktiven Kolleginnen sollte er in der Öffentlichkeit meiden. »Sag mal, läuft da was?«

»Hat er Eheprobleme?«

Irgendwo ist immer jemand, der den Lehrer kennt und in seinen Kreisen darüber berichtet:

»Was ist denn das für ein komischer Vogel. Wie der rumläuft. Zum Friseur könnt er auch mal gehen.«

Der Lehrer muss auf sich achten, nicht nur in puncto Kleidung und Frisur, auch mit der Körperhaltung, mit der Körpersprache. Aufrechte Haltung, also gerader Rücken und herausgestreckte Brust, ist anzuraten, lässt auf eine selbstbewusste Persönlichkeit schließen. Ein mürrischer, gestresster und genervter Gesichtsausdruck kommt nicht so gut an.

Diese Ausstrahlung ist auch entscheidend im Unterricht.

Wie setzt der Lehrer seine Mimik ein?

Zu welchem Anlass zieht er seine Stirn kraus, seine Augenbraue hoch?

Wann hebt er die Mundwinkel an oder lässt sie abfallen?

Wie setzt er seine Oberlippe oder Unterlippe ein?

Wann zeigt der Lehrer Zähne?

Wann rollt er mit den Augen oder verschließt sie zu Schlitzen?

Was macht er mit den Armen? Hält er sie vor seinem Körper verschränkt oder öffnet er seine Hände?

Wie hält er den Kopf? Neigt er ihn etwas zur Seite?

Das kann man als Zeichen der Zuwendung und des Vertrauens verstehen.

»Sieh her, ich zeige dir meinen ungeschützten Hals.«

Diese Geste rührt wohl noch aus der Urzeit des Menschen, als er noch damit rechnen musste, von einem Feind angefallen zu werden, der sich in die Halsschlagader verbeißen konnte, was den sicheren Tod bedeutet hätte.

All das hat Wirkung auf das Zusammenleben mit seinen Schülern.

Im Konfliktfall mit einer Person sollte der Lehrer nicht zurückweichen, ihr nicht aus dem Weg gehen, stehen bleiben, Brust raus, gerader Rücken. Körpersprache zeigen: »Du beeindruckst mich nicht! Ich biete dir Kontra!« Schiedsrichter können davon ein Lied singen. Die sind in den internationalen Spielen über Kopfhörer mit einem Außenschiedsrichter verbunden, der ihnen verbale Unterstützung gibt: »Bleib stehen! Weich nicht aus. Stehen bleiben!!!! Verdammt noch mal, stehen bleiben!« Das ist nicht so ganz einfach, wenn ein mit Testosteron vollgepumpter Irrwisch auf einen zustürmt und mit völlig entrückter Fratze die gefällte Entscheidung anzweifelt, unterstützt durch die Entrüstung von 60.000 Zuschauern. Ein Zurückweichen würde als Schwäche gedeutet werden, was wiederum Einfluss auf den Verlauf des weiteren Spiels haben könnte.

Ähnlich läuft das auch in der Schule. Wenn der Lehrer sich wie ein Weichei verhält, vor jeder Aggression zurückweicht, dann hat er bereits verloren.

Nein, er muss bereit sein, sich auch unbeliebt zu machen. Das wird von Schülern wahrgenommen. So kann er sich den Respekt der Klasse erarbeiten.

65. GRUND

Weil Gerhard Schröder Lehrer als faule Säcke bezeichnet hat

Der Schröder, der Gerhard, muss nun auch noch mal ran. Er ist zwar schon lange kein Kanzler mehr, trotzdem bleiben so einige Sprüche von ihm in Erinnerung. So hat er sich vor vielen Jahren einmal despektierlich über die Lehrer geäußert. Ja. Ja, das weiß man doch alles, besonders als Lehrer. Das hat er noch als Ministerpräsident des Landes Niedersachsen getan. Kurze Zeit später war er trotz oder gerade wegen dieser Aussage Bundeskanzler.

Er hat ja auch sinngemäß gesagt, dass es eine Studie gäbe, die nach einer italienischen Stadt benannt ist. Und er findet, dass Wladimir Putin ein lupenreiner Demokrat sei. Als ein in der Öffentlichkeit stehender Politiker, noch dazu als Bundeskanzler, sind seine Aussagen alleine deshalb schon Wichtigkeit. Da sagt man so einiges. Da braucht man nur an sich selbst zu denken. Was man da schon so alles verzapft hat. Glücklicherweise taucht das nicht am nächsten Tag in der Presse auf.

Ich glaube sogar, dass er sich nicht immer genau überlegt hat, was er da von sich gegeben hat. Und wenn er länger darüber nachgedacht hätte, hätte er es auch bestimmt nicht gesagt. Interessant daran ist aber wohl doch, dass er genau das ausgesprochen hat, was vielleicht die schweigende Mehrheit in Deutschland denkt: »Lehrer sind faule Säcke.«

Wie geht man nun mit solchen Äußerungen um?

Darauf eingehen?

Eine Klage bei Gericht einlegen wegen übler Nachrede?

Einen Leserbrief an die Tageszeitung schreiben und versuchen, das Bild richtigzustellen, und nachweisen wollen, dass man kein fauler Sack ist? Bitte, guckt her, hier lege ich meine Arbeitsbelastung und Unterrichtsverpflichtung auf den Tisch. Bitte sehr!

Guckt mich an!

Oh, wie doof! Um Gottes willen, bloß nicht.

Was Einzelfälle angeht, hat er ja recht, der Herr Bundeskanzler. Es gibt faule Säcke unter den Lehrern. Und nicht nur das. Sie können trantütig, langweilig und völlig unmotiviert ihren Unterricht durchziehen, sie können uninteressiert an den Schülern sein, sie sind mit ihren Gedanken auf dem Tennis- oder Golfplatz, wollen segeln oder was weiß ich machen, nur nicht unterrichten. Diese Wahrheit ist banal, sie gilt aber für alle Berufe auf dieser Welt, sie gilt für die Menschheit im Zusammenleben schlechthin.

Beim Lehrerberuf wäre diese Einstellung aber fatal, weil er eine ganz besondere, eine herausgehobene, eine einmalige Arbeit zu leisten hat. Er soll die Jugend für die Zukunft vorbereiten. Was für eine bedeutende Aufgabe, fast noch bedeutender als die des Bundeskanzlers.

Mit seinem Pauschalurteil hat Gerhard Schröder schlichtweg unrecht. Die große Mehrheit der Lehrer weiß sehr genau, welche Verantwortung sie mit ihrem Beruf für die Gesellschaft hat. Aber das muss man nicht in die Welt hinausposaunen. Der Lehrer setzt sich aber nicht in seinen Ohrensessel und ist beleidigt. Er ist souverän, eine Autorität. Und er weiß, dass, je unsicherer eine Autorität kraft Amtes beim Ausüben ihrer Autorität ist, sie umso autoritärer reagiert. Das hat ein Lehrer mit Autorität nicht nötig.

Im Übrigen setzt sich allmählich in der Gesellschaft der Gedanke durch, dass die Lehrer einen sehr harten Job tun. Also, quakt nicht rum, nervt nicht mit solchen Vorurteilen. Der Lehrer will einfach nur seine Arbeit machen, und der, der dazu nicht in der Lage ist oder nicht will, ist nur ein armes Würmchen. Da braucht es keine Kommentare von außen, auch nicht vom Bundeskanzler.

66. GRUND

Weil der Lehrer etwas für sein Image in der Öffentlichkeit machen kann

Das Image des Lehrers in der Öffentlichkeit ist nach wie vor schlecht. Das hat der Lehrer schon so verinnerlicht, dass er, wenn er abends fernsieht und den Auftritt eines Lehrers erlebt, Angst bekommt. Und er denkt: Hoffentlich blamiert der nicht die ganze Innung. Hoffentlich tritt er nicht als Besserwisser auf. So was wollen die Leute nicht sehen. Das verfestigt doch nur die Vorurteile, die die Leute von Lehrern haben.

Manchmal guckt der Lehrer Dieter Bohlen und Co., Sendungen, wo neue, häufig talentfreie Talente entdeckt werden sollen: Tänzer, Sänger, Zauberkünstler, Clowns, Akrobaten und was weiß man sonst noch, was es auf dem Sektor alles gibt. Vieles ist als Zuschauer kaum auszuhalten, so schlecht sind manche Darbietungen, sodass sich die Jury, die das zu beurteilen hat, mehr oder weniger genussvoll an die Zerlegung des armen Würstchens macht, das bis jetzt glaubte, eventuell eine Soloweltkarriere vor sich zu haben. Der Schmerz, den man mit dem Abkanzeln der Darbieter empfindet, ist kaum auszuhalten. Wie peinlich ist das denn? Und so schleicht mancher wie ein waidwund geschossenes Reh von der Bühne, um dann hinter der Bühne seinen Liebsten laut schluchzend in die Arme zu fallen. Man meinte es doch so gut und nun das. Undank ist des Menschen Lohn. Meistens spürt man ja schon vorher: Oh,

Mann, das geht bestimmt nicht gut. Wie der schon aussieht, wie ein Oberstudienrat im Ruhestand, der es einfach nicht lassen kann, der Welt zu zeigen, was er alles kann und weiß. Und tatsächlich, der nun auftretende Kandidat ist Lehrer, so stellt er sich jedenfalls dem Publikum vor. Die Frage für den fernsehkonsumierenden Lehrer stellt sich nun: »Sein oder Nichtsein. Umschalten oder Fremdschämen?« Er entscheidet sich für Fremdschämen. Das muss man aushalten können. Hoffentlich singt oder tanzt er nicht.

Nein, das macht er nicht. Er macht Rechenspiele, die so verblüffend sind, dass auf einmal das Interesse des Publikums geweckt ist und ihm die Herzen der Zuschauer zufliegen. Dazu verfügt der Lehrer über eine sympathische Ausstrahlung und Selbstsicherheit, die es allen leicht macht, sich über ihn zu freuen. Selbst der Zyniker Dieter Bohlen ist beeindruckt. Er kriegt von allen Jurymitgliedern ein »Ja!«. Er darf bei der nächsten Sendung wieder mitmachen. Und so freut sich auch der Lehrer vor dem Fernsehapparat, dass es überraschenderweise mal geglückt ist, etwas für das Image des Lehrers zu tun.

KAPITEL 6

SCHRÄGE GRÜNDE

Weil er immer wieder in der Zeitung auf grammatikalische Fehler stößt

In der Zeitung wird heute mal wieder über die Königshäuser Europas berichtet. Das wollen die Leser augenscheinlich wissen. Und so wird berichtet, wo die europäischen Königshäuser Urlaub machen. Das kann ganz schön spannend sein, wenn es über kleine oder große Katastrophen zu berichten gilt, so auch vom dänischen Thronfolger. Da erfährt man, dass die sechsköpfige Familie dem trüben dänischen Winter entflohen und in die Heimat Prinzessin Marys gejettet ist, ins sommerliche Australien. Doch der Urlaub startete mit einem Drama. »Der älteste Sohn der beiden, Prinz Christian, 10, wäre beinahe ertrunken.«

Da stehen dem Lehrer die Haare zu Berge. Natürlich auch, weil der Kronprinz so leichtfertig mit der Sicherheit seines Sohnes umgegangen ist, da dieser beinahe umgekommen wäre. Da der Lehrer aber nicht überall auf die Menschen aufpassen kann, obwohl er es gerne täte, muss er akzeptieren, dass er nicht überall sein kann. So geht es ihm natürlich auch in der Schule. Da kann er auch nicht jedes Unglück, jedes Fehlverhalten abwenden. Nein, in diesem Falle treibt ihn etwas anderes um. Es geht mal wieder um die Grammatik, die korrekt angewendete Grammatik.

Also, worum geht es genau?

Der Kronprinz von Dänemark Frederik und seine Frau Prinzessin Mary haben vier Kinder: Christian, Isabella, Vincent und Josephine, zwei Söhne und zwei Töchter. Da der Vergleich im Artikel sich nur auf die Söhne bezieht, muss es richtig heißen: »Der ältere Sohn der beiden, Prinz Christian, 10, wäre beinahe ertrunken.«

Denn der Lehrer weiß, dass Steigerungsformen von Adjektiven verwendet werden, wenn man etwas vergleichen will. Dazu stehen drei Stufen zur Verfügung: die Grundform, der Komparativ und der

Superlativ. Wenn der dänische Kronprinz also nur zwei Söhne hat, kann es keinen Superlativ geben. Der käme erst dann dazu, wenn er einen dritten Sohn hätte.

Wenn man »Sohn« durch »Kind« ersetzte, müsste es, weil der Kronprinz ja mehr als zwei Kinder hat, heißen:

»Das älteste Kind der beiden, Prinz Christian, 10, wäre beinahe ertrunken.«

Na, Hauptsache dem älteren Sohn Christian ist nichts passiert.

Weiter ist im gleichen Artikel zu lesen, dass das daheimgebliebene dänische Königspaar auf seinen »ältesten Sohn« verzichten muss. Auch hier muss es »älteren Sohn« heißen, da das Königspaar nur zwei Söhne hat.

Aber eigentlich, so wichtig ist das ja auch wieder nicht. Die Welt ist nun mal nicht vollkommen, auch wenn er sich das wünschen würde. Eine breite Mehrheit der Deutschen würde diesen grammatikalischen Unterschied gar nicht wahrnehmen. Und so legt er die Zeitung aus der Hand und überlegt sich, ob er das im Deutschunterricht thematisieren soll.

68. GRUND

Weil er sich der Generation Y verbunden fühlt

Ja, es gibt tatsächlich eine Generation, die von den Soziologen mit Y bezeichnet wird. Sie gilt als Nachfolgegeneration der Boomer, und deren Nachfolger war die Generation X. Der mit dem Alphabet vertraute Leser ahnt schon, welche Bezeichnung dann folgte. Wer mit dem Geburtsjahr 1999 gesegnet war, erhielt von den Soziologen den Buchstaben Z. Fragt sich der Lehrer nur, was dann kommt. Und er fragt sich auch, welchen Buchstaben die Allwissenden der gesellschaftlichen Zusammenhänge ihm zuordnen würden. Er weiß nicht so recht, was er sich wünschen würde, aber ein A fände er schon befremdlich.

Die neudeutsch als Gen Y Bezeichneten waren zur Jahrtausendwende Teenager. Somit zählen etliche seiner jüngeren Kollegen zu diesem Personenkreis. Da lohnt es sich schon mal, genauer hinzuschauen, wie die aus seiner Sicht Frühgeborenen charakterisiert werden.

Die Generation Y hat während der Pubertät den Terroranschlag auf New York medial erlebt, hat die Folgen der Finanzkrise erfahren und die Unsicherheiten der eigenen Lebensplanung gespürt. Ungewissheit ist für sie normal. Deshalb werden die Ypsiloner auch als Meister der Improvisation bezeichnet. Leben ist für sie nicht mehr so planbar, wie es für ihre Eltern noch der Fall war. Sie versuchen einfach, aus ihrer gegenwärtigen Lebenssituation das Beste zu machen. Auch sie sind gestresst, aber sie empfinden das Leben in Unsicherheit als normal. Sie genießen es, unabhängig und frei zu sein. Nach dem Abitur nehmen sie sich den Freiraum, sich erst mal selbst zu finden. Für den Bachelor lassen sie sich die Zeit, die an der Grenze der Regelstudienzeit liegt. Das mit dem Master lassen sie locker auf sich zukommen. Vielleicht gibt es ja einen gut dotierten Job ohne Masterabschluss. Wenn nicht, auch gut.

Man kann sie gerne als Egotaktiker bezeichnen, aber der Lehrer ist skeptisch. Er fragt sich, ob die Generation Y sich nicht nur das schaffen will, was ihm während seiner Findungsphase geschenkt wurde. Er kam in den Genuss eines selbstbestimmten und nicht verschulten Studiums. Und hat ihm das geschadet? Beim Sinnieren über die Beantwortung der Frage fühlt er sich der Generation Y sehr verbunden.

Weil er nicht weiß, ob er an Wunder glauben soll

Das mit den Wundern ist so eine Sache. Wenn man Katja Ebstein Glauben schenken will, dann gibt es die immer wieder. Bleibt aber die Frage, ob Schlagertexte immer der Wahrheitsfindung dienen. Da lohnt es sich schon, einen Blick auf die zu werfen, die sich von Berufs wegen damit beschäftigen. Die katholische Kirche stellt regelmäßig eine Rangliste herausragender verstorbener Persönlichkeiten auf. Erst werden die selig gesprochen. Wenn dann anerkannt wird, dass dieser Mensch zwei Wunder vollbracht hat, hat er die Chance, heilig gesprochen zu werden. Das kann Jahrhunderte dauern. Bei Mutter Teresa, der Ordensschwester albanischer Herkunft, bahnt sich ein Rekord an. Nur wenige Jahre nach ihrem Ableben soll sie heilig gesprochen werden. Das zweite Wunder wurde bereits anerkannt.

Was als Wunder zu bezeichnen ist, liegt an dem, der ein Ereignis wahrnimmt. Er entscheidet, ob etwas besonders Erstaunliches oder Außergewöhnliches für ihn in diese Rubrik fällt. Schlechte Karten haben die Ereignisse, wenn die Beobachter die Möglichkeit von Wundern schlechthin ablehnen. Das sind die ganz kopfbestimmten, die glauben, dass irgendwann einmal alle Vorgänge rational erklärt werden können. Alles, was jetzt noch der menschlichen Vernunft und bekannten Gesetzmäßigkeiten scheinbar widerspricht, werden künftige Generationen aufklären.

Dieser Einstellung kann sich der Lehrer, der sich für hinreichend aufgeklärt und rational hält, fast uneingeschränkt anschließen. Sonst müsste die katholische Kirche den Löffelverbieger Uri Geller posthum zumindest selig sprechen. Diese führt ihn zu einer Frage, die ihm seine Halbbildung deutlich macht: Können eigentlich auch Juden, Protestanten und Moslems heilig gesprochen werden?

Was die Geburt seiner Kinder anbelangt, kam ihm das einem Wunder gleich, aber das Außergewöhnliche an dem Ereignis hat ihn nie dazu verleitet, von einem Wunder zu sprechen. Mit dem Glauben an Überirdisches hatten es die Menschen vor Jahrhunderten schon einfacher. Wenn Jesus heute trockenen Fußes über das Wasser eines Freibades gehen würde, käme über die Lautsprecheranlage nur die trockene Anweisung des Bademeisters: »Kommen Sie sofort da runter!«

Auch wenn er über seinen Beruf nachdenkt, kann er sich nicht an Wunder erinnern. Verwunderung war oft angesagt. Dazu führte oft das Verhalten von seinen Schülern, deren Eltern oder das seiner Kollegen. Dem Wunder am nächsten kamen noch seine beiden bestandenen Examen.

Große Köpfe haben Überdenkenswertes zu dem Thema von sich gegeben.

David Ben-Gurion: »Wer nicht an Wunder glaubt, ist kein Realist.«

Albert Einstein: »Es gibt zwei Arten zu leben. Entweder so, als wäre nichts ein Wunder, oder so, als wäre alles ein Wunder.«

Tomas von Aquin: »Für Wunder muss man beten, für Veränderungen aber arbeiten.«

Prentice Mulford: »Das größte und reinste Wunder, wäre es allen sichtbar, dauerte aber nur einen Augenblick, es fiele durch das Gehirn der Menschheit glatt durch.«

Bei Einstein ahnt der Lehrer schon, zu welcher Art zu leben er neigt. Wenn er aber bedenkt, dass fast ein Drittel seiner Klasse den Abschluss vielleicht nicht schaffen wird, dann hofft er auf ein Wunder.

Weil er sich Hunderte von Namen merken darf

Jedes Jahr erscheint eine Liste der beliebtesten Vornamen. Da hat sich jedes Mal aber einer richtig Mühe gegeben. Immerhin müssen fast 200.000 Geburtsnamen erfasst und ein Ranking erstellt werden. Dieses Jahr haben es Sophie und Maximilian wieder an die Spitze geschafft. Fast genauso beliebt waren Marie, Emma, Alexander und Elias. Es erstaunt den Lehrer nicht, dass es Skurrilitäten gibt, die es in der Liste nicht ganz bis nach oben geschafft haben. So hat eine Mutter, die aus Syrien geflohen ist, ihre Tochter aus Dankbarkeit auf den Namen Merkel taufen lassen. Er wundert sich auch nicht, dass der Vorname Adolf nicht mehr zu finden ist. Als Lehrer hat er viele Modewellen der Namensgebung miterlebt. An alle kann er sich natürlich nicht erinnern. Wenn er aber die alten Klassenlisten betrachtet, stellt er fest, dass einige, vormals sehr beliebte Vornamen, fast gänzlich ausgestorben sind. Wo sind die Günthers, Rolfs, Armins, Katjas und Helenes? Offensichtlich waren auch die Prioritäten, die nach der Wiedervereinigung gesetzt wurden. Fast in jeder Klasse gab es eine Chantal, eine Cindy und einen Kevin.

Im schulischen Alltag nimmt er die Veränderung der Moden nur ansatzweise wahr, denn er hat ein ganz anderes Problem. Er muss sich die Namen seiner Schüler merken. Er betrachtet diesen Einprägungsprozess durchaus als intellektuelle Leistung. Welch Gnade für ihn, wenn er eine Klasse im nächsten Schuljahr behält! Er weiß, dass es Kollegen gibt, die mit dieser Gedächtnisleistung gar keine Probleme haben. Er selber hat sich im Laufe der Jahre verschiedene Strategien angeeignet. Immerhin muss er im Laufe seines Berufslebens Tausenden von Gesichtern zumindest den richtigen Vornamen zuordnen.

Namenskärtchen, die jeder vor sich hinstellt, erleichtern ihm in den ersten Wochen eines Schuljahres das Leben. Er kann nur hoffen, dass die damit von seinen Zöglingen eingeforderte Disziplin länger als ein paar Tage anhält. Hilfreich für ihn ist es auch, wenn die »Fremden« vor jeder Äußerung ihren Namen nennen. Hilft ja schließlich auch den Mitschülern bei neu zusammengesetzten Gruppen. Diese Methode hat nur einen Haken, denn die Namen der Extrovertierten merkt er sich ohnehin schnell. Die Schweiger aber kommen gar nicht dazu, sich vorzustellen. Da hilft dann eine Vorstellungsrunde am ersten Schultag, in der sich alle in einer kurzen Runde darstellen. Dann hat er nicht nur die Möglichkeit, einen ersten Eindruck zu gewinnen, sondern er kann sich auch Brücken bauen. Hans kommt vom Bauernhof, Lisa wohnt in der gleichen Straße wie er, und Benno ist begeisterter Sportler.

Das ist zwar hilfreich für den Pädagogen, aber nicht immer schafft er es, sich nach einem Monat alle Namen zu merken. Zumal, wenn er die Klasse nur einmal in der Woche hat.

Er könnte natürlich auch von allen ein Foto einfordern beziehungsweise selber Fotos machen, um sich zu Hause Namen und Gesichter einzuprägen. Das ist ihm zu aufwendig. Hat er mal gemacht, als er vor der Prüfung zum zweiten Staatsexamen stand. Da helfen dann nur noch Tricks. Man muss ja nicht immer den Namen aussprechen. Manchmal reicht ein direkter, auffordernder Blick. Oder, und das hat er sich angewöhnt, er gibt seinen Schülern Spitznamen. Diese von ihm selbst entwickelten Sprachkonstrukte entfallen ihm nie. Dabei muss er aber Vorsicht walten lassen, denn nicht immer sind seine Schüler einverstanden, wenn sie nicht Herr ihres Namens bleiben. Wenn Hans-Peter nicht Hansi genannt werden will, muss der Lehrer das akzeptieren. Was für ihn hilfreich ist, darf den so Gerufenen auf keinen Fall verletzen.

Noch hat er es trotz allen Gedächtnisstresses immer noch geschafft. Er hofft nur, dass ihn eine Form der Demenz nicht vor der Pensionierung erreicht.

Weil sich auch sein Vater
an seine Schulzeit erinnern kann

Sein Vater ist über 90 Jahre alt. Ein Geschenk sind seine Erlebnisse, die er nachträglich niedergeschrieben hat. So kann er als Lehrer daran teilhaben, wie ein Schüler die Zeit vor über 80 Jahren erlebt hat:

»Ab dem zweiten Schuljahr wurde ich in die Leibnizschule eingeschult. Zu der Schule hatte ich nur einen Schulweg von etwa 500 m. Mein Klassenlehrer war ein seriöser, etwas dicklicher, älterer Herr. Die Klasse war etwa 40 Schüler stark. Ich musste mich umstellen, denn ich lernte nun die Sütterlinschrift, die sich durch ihre Rundungen von der ›spitzen‹ deutschen Schrift unterscheidet. Herr Hoffmann war ein guter Lehrer. Er brachte uns bis zur 4. Klasse die Grundfächer Lesen, Schreiben, Rechnen sowie Heimatkunde und Heimatgeschichte bei. In der 4. Klasse machte er für die Schüler, die auf eine weiterbildende Schule gehen sollten, nachmittags Sonderunterricht. Hierbei brachte er uns vor allem Grammatik (mit lateinischen Namen) und die Anfangsgründe von Algebra und Geometrie bei. Dieses war uns auf den anderen Schulen sehr von Vorteil. Mein Schulnachbar – wir saßen zusammen in einer Bank – war Julius Mann. Er war Jude, der auch später auf dem Realgymnasium in meiner Klasse war. Wir waren befreundet und besuchten uns öfter gegenseitig. Ich sah so, wie er hebräisch – von hinten nach vorn – schrieb, was mich irgendwie beeindruckte. Bei Besuchen bei Julius aß ich zum ersten Mal ›Mezze‹.

Im Mai 1933 wurden wir als Pfadfinder geschlossen in das Jungvolk der Hitler-Jugend übernommen. Wir bekamen eine andere Uniform. Braunhemd mit schwarzem Schlips. Dies ging bis Mitte 1934 so weiter.

Politik spielte keine Rolle!

Ostern 1934 kam ich in das Realgymnasium in die Sexta. Stolz waren wir damals auf unsere Schülermützen. An Rand und Farbe war die Klasse zu erkennen.

So etwa um 1936/37 verließen die Juden unsere Klasse/Schule und gingen in ihre eigenen Synagogenschulen. Es dauerte dann nicht lange, und die ersten Juden wanderten aus; dies sprach sich so rum. Wir bedauerten vor allem, dass auch ein Jude namens Greifberg uns verließ, denn sein Vater hatte ein Kino, und alle Klassenkameraden bekamen Freikarten fürs Kino.

Sport war ein Hauptfach. Es war sogar so, dass wir in der großen Pause uns zu Freiübungen aufstellen mussten, um uns sportlich zu betätigen. Außerhalb der Schule betätigten sich fast alle sportlich. Ein Klassenkamerad betrieb Jiu-Jitsu. Dabei brach er sich den Oberschenkel. Durch irgendwelche Gründe musste ihm das Bein amputiert werden. Dies war ein Ereignis, das uns alle sehr beschäftigte. Wir waren alle zutiefst gerührt. Es schien uns irgendwie unbegreiflich, dass so etwas passieren konnte. (Später kam dann der Gedanke für mich, ob er nicht das bessere Los von uns gezogen hatte. Günther konnte studieren, während wir Soldat spielten oder aber viele Klassenkameraden nicht mehr aus dem Krieg zurückkehrten).

An die sogenannte ›Kristallnacht‹ erinnere ich mich gut.

Als wir hörten, dass die Schaufensterscheiben von jüdischen Geschäften zerschlagen wurden, verließen wir die Schule, um dies zu sehen. In einer Hauptgeschäftsstraße sah es furchtbar aus. SA-Leute hatten dort gehaust, die Scheiben eingeschlagen und Auslagen verstreut und die Geschäftsräume durchwühlt.

Den Sinn all dieses Vandalismus konnte ich so richtig nicht verstehen. Waren doch Juden Klassenkameraden mal von mir. Es waren keine schlechten Kameraden. Wo sie inzwischen geblieben waren, wusste ich nicht, nachdem sie von der Schule weg waren. Es ging das Gerücht, dass sie ausgewandert seien.

Für mich war es klar, dass ich meine zweijährige Wehrpflicht bei der SS ableistete und versuchte, SS-Führer zu werden. Die zuständige Stelle hierfür war in Wiesbaden. Für die Bewerbung als SS-Führer musste man u.a. auch den Ariernachweis erbringen, das heißt Geburtsurkunden der Großeltern und Eltern vorlegen. Diese Unterlagen besorgte ich mir von den Bürgermeisterämtern.

Als ich meinen ›Ariernachweis‹ zusammen hatte, füllte ich die Unterlagen zur Bewerbung als SS-Führer aus und reichte diese in Wiesbaden ein. Ich bekam dann Bescheid, dass ich für die ›SS-Toten-kopfverbände‹ vorgesehen sei und als ›Junker‹ zur SS-Junkerschule nach Bad Tölz einberufen würde. Weil ich einen Segelflugschein hatte, machte mir das ›WBK‹ einen Strich durch die Rechnung. Ich musste zur Luftwaffe. Dann wollte ich eben Flugzeugführer werden. Am 10. August 1941 wurde ich zum Fliegerausbildungsregiment nach Heiligenhafen eingezogen.

Ostern 1941 war ich zuvor in die Prima (Abiturklasse) versetzt worden. Schulisch war es so, dass die Versetzung in die Prima automatisch auch das ›Reifezeugnis‹ mit sich brachte, wenn man Soldat wurde. Nach den Sommerferien war meine Schulzeit nicht mehr lange, denn ich wurde zur Luftwaffe am 10. August 1941 einberufen.

Mein Reifezeugnis bekam ich nachgeschickt.«

Auch diese Lebensbeichte seines Vaters war ein Grund, Lehrer geworden zu sein. So einen gelebten Geschichtsunterricht hatte er in seiner Schulzeit nicht erfahren dürfen.

Weil man auf Klassenreisen zum Friseur gehen kann, aber nicht sollte

Klassenreisen, auch in der Oberstufe Studienreisen genannt, sind je nach Lehrertyp eine willkommene Abwechslung vom Schulalltag oder schon in der Planung der reinste Horror. Wenn der Pädagoge sein Faible für Demokratie walten lässt und die Klasse über das Reiseziel abstimmen lässt, kann er sich das auch schenken. Das Ergebnis steht von vornherein fest: Berlin, Prag, Rom oder Paris. Ist ja auch naiv zu glauben, dass die Klasse »Hurra« schreit, wenn der, der die eigentliche Last zu tragen hat, Wandern in Reit im Winkl vorschlägt. Da müsste der schon mit Hawaii oder ähnlich exotischen Zielen kommen.

Für Folker, einen befreundeten Kollegen, stellt sich die Frage schon seit Jahren nicht mehr. Er geht der Konfrontation aus dem Weg, indem er mit seiner Zwölften traditionell nach Paris fährt. Das hat seine Vorteile. Seine Vorliebe hat sich herumgesprochen, die Schüler können sich darauf einstellen, und er kennt die Gegebenheiten. Die Anreise zu planen ist ein Selbstgänger, kennt er doch den ortsansässigen Busunternehmer. Mit dem Betreiber des Hostels versteht er sich so gut, dass man sich passabel auf Deutsch verständigen kann, und das Wochenprogramm mit seinen Museen und anderen Sehenswürdigkeiten ist seit Jahren tradiert. Das schafft Freiräume. Zumal die Eltern schriftlich zugestimmt haben, dass sich ihre Sprösslinge über gewisse Zeiten eigenverantwortlich bewegen dürfen.

Im letzten Jahr, so weiß Folker zu berichten, hatte er trotz allen Stresses und aller Verantwortung auch wieder Zeit, die Stadt zu genießen.

Durch die Stadt flanierend, erblickte er in einer Schaufensterscheibe sein Konterfei. Klare Diagnose: Die Haare sind zu lang. Der

Zufall will es, dass sich zwei Häuser weiter ein Coiffeur anbietet. Im ersten Stock. Warum nicht mal in Paris zum Friseur gehen? Er hat ja Zeit. Er begibt sich nach oben.

Ein netter junger Mann, er vermutet algerischer Herkunft, begrüßt ihn freundlich und bittet ihn, sich auszuziehen. Wie bitte? Er glaubt sich des Französischen einigermaßen mächtig. Er hat richtig verstanden. Er soll den Oberkörper entblößen, damit sich in seiner Oberbekleidung keine Haare festsetzen. Er fügt sich. Dann wird er auf den üblichen Stuhl vor dem großen Spiegel gebeten und wird bekittelt. Keine Wartezeit, keine Anmeldung. Das lässt ihn nicht stutzen. Er ist nur ein bisschen verstört, als sein Frisurgestalter statt mit Kamm und Schere gleich mit einem akkubetriebenen Haarschneider anrückt. Er bittet noch, die Haare bitte nicht zu kurz zu schneiden, und hofft, dass sein Französisch ausreicht. Vergeblich. Blöderweise hält er während der Behandlung den Blick gesenkt und döst vor sich hin. So wie er es zu Hause auch immer macht. Einfach fallen lassen und vertrauen. Nach nur zehn Minuten weckt ihn ein »Fini«. Das mit dem Vertrauen stellt sich als fataler Fehler heraus. Einen solchen Kurzhaarschnitt hatte er vor 40 Jahren. Er stakst, ohne Trinkgeld zu geben, ein Stockwerk tiefer. Er stolpert die Avenue hinunter und meidet den Blick in die Schaufenster.

Wie es der Zufall will, kommt ihm seine Kollegin, die ihn auf der Studienreise begleitet, entgegen. Sie geht wortlos an ihm vorbei. Folker ruft ihr hinterher. Sie dreht sich um:

»Folker??!!! Was ist denn mit dir passiert? Die Französische Revolution und die Zeit der Guillotine sind doch längst vorbei!«

Folker weiß noch nicht, wohin die nächste Studienreise gehen soll.

Weil er glaubt, seinen Schülern erklären zu müssen, dass 747 Millionen Inder keine Toilette haben

Irgendwann, er hat gar nicht mitbekommen, wann das war, ist ein »kluger« Kopf auf die Idee gekommen, dass es nicht reicht, wenn es nur schlichte Namenstage gibt. Dem reichte es wohl nicht, dass nur der Valentinstag die Floristen in aller Welt beglückt und Halloween den Reformationstag in Vergessenheit geraten lässt. Mit dem Weltaidstag könnte man ja noch leben, aber was soll bitte schön der *Welttoilettentag*?

Erst glaubt er, nicht richtig zu lesen, was er da in seiner Tageszeitung entdeckt, und glaubt an einen Gag. Dass dem ganz und gar nicht so ist, erschließt sich ihm beim sorgfältigen Lesen.

Eine Hilfsorganisation mit dem Namen »Water Aid« hat den Tag ausgerufen, um auf eins der vielen Probleme aufmerksam zu machen, die bei uns verdrängt werden. Manchmal braucht es nur eine Zahl und fünf Wörter, um einen nachdenken zu lassen: 774 Millionen Inder haben keine Toilette.

Nachdem er sich der Dimension dieser Aussage bewusst geworden ist, fasst er einen Entschluss. Diesen Fakt darf er seinen Schülern nicht vorenthalten. Er unterrichtet zwar weder Gesellschaftslehre noch Politik, aber er war schon immer ein Freund des ganzheitlichen Ansatzes. Also bietet sich auch sein Matheunterricht an.

In der nächsten Mathestunde legt er den Lehrplan sehr großzügig aus, aber die Schulung des Zahlenverständnisses findet sich zumindest als übergeordnetes Ziel wieder. In großen Ziffern schreibt er ohne Einleitung »774 000 000« an die Tafel. Kein Kommentar seinerseits. Er wartet schweigend und beglückwünscht sich inner-

lich zu diesem tollen *stillen Impuls*. Dennis ist der Erste, der glaubt, etwas beitragen zu können. Laut liest er die Zahl vor: »Siebenhundertvierundsiebzig Millionen«. Er wartet. Lisa meldet sich. »Wir haben ja gerade Potenzrechnung. Man könnte auch sagen siebenhundertvierundsiebzig mal zehn hoch sechs.« Der Lehrer lobt, weist aber darauf hin, dass die Zahl nur nebenbei mit Mathe zu tun habe. Carolin hat eine Idee: »Das ist die Einwohnerzahl von Deutschland.« Er fragt sich, wer denn nun versagt habe: Der Politiklehrer oder er. Er entschließt sich für Ersteren. » Nö, dann müsstest du eine Null wegstreichen. Okay, könnt ihr eigentlich auch nicht drauf kommen. Weiß ich auch erst seit gestern. Habt ihr zu Hause eine Toilette?« Er schaut in ungläubige Gesichter. Nur Christian traut sich: »Was soll die Frage? Natürlich haben wir ein Klo zu Hause!«

»Na ja, davon bin ich auch ausgegangen. Ich wollte euch nur bewusst machen, welche Selbstverständlichkeit das für euch ist. Das ist aber beileibe nicht für alle Menschen auf der Erde so. Die Zahl an der Tafel hab ich gestern in der Zeitung gelesen. Allein in Indien haben 746 Millionen keine Toilette. Das sind tatsächlich zehnmal so viele Menschen, wie wir in Deutschland haben.«

Christians eingeworfenes »Na und?« bringt des Lehrers Sendungsbewusstsein richtig in Wallung.

»Ihr müsst euch mal vor Augen führen, was das bedeutet. Für euch ist das WC in eurem Zuhause eine Selbstverständlichkeit. Als ich ein Kind war, haben wir im dritten Stock gewohnt und mussten zur Toilette raus aus der Wohnung, weil die einen halben Stock tiefer auf dem Flur war. Die wurde von sechs Familien benutzt. Bei meiner Tante, die in einem Reihenhaus wohnte, war es auch nicht besser. Die hatte zwar ein eigenes Klo, aber das befand sich im Garten. Das war aus Stein gemauert, hatte aber drinnen nur einen Holzkasten mit einem großen Loch, auf dem man bei der Verrichtung seiner Geschäfte saß. Einmal im Monat kam ein Lastwagen, der die Fäkalien abholte. Klingt richtig primitiv, oder? Aber die Zahl da vorne an der Tafel bedeutet, dass zig Millionen Menschen auf der ganzen Welt noch nicht einmal so eine Toilette haben. Die gehen einfach zur Verrichtung ihrer Notdurft an den Fluss, in den Wald oder auf die Straße.«

Dennis unterbricht seine Tirade: »Und? Sollen wir jetzt ein schlechtes Gewissen haben, weil es uns besser geht?«

»Auf keinen Fall. Ich find es gut und richtig, dass eine eigene Toilette für euch eine Selbstverständlichkeit ist. Aber ich fänd es auch gut, wenn ihr euch mal Gedanken darüber macht, was das für Auswirkungen für die Menschen in Indien hat. Dass jegliche Intimsphäre fehlt, ist dabei noch das Geringste. Das Schlimmste ist, dass der Übertragung von Krankheiten Tür und Tor geöffnet wird.«

Der Pausengong setzt seinem missionarischen Eifer ein Ende. Wieder einmal hat er eine Mathestunde frontal verquatscht, ohne zu wissen, ob sein Sendebewusstsein auch Früchte trägt. Er könnte ja Besserung geloben, aber dazu kennt er sich zu gut.

Die nächstbeste Gelegenheit wird er wieder nutzen. Steter Tropfen höhlt den Stein. Und es gibt auf der Welt viele wichtigere Dinge als Mathematik.

74. GRUND

Weil er einen Sprachkurs in der Türkei machen kann

In seiner Klasse mit 27 Schülern sind zwei Mädchen und drei Jungen, die aus der Türkei stammen. Sie sind noch ihrer Heimatsprache mächtig. Es hat eine Weile gedauert, bis sie akzeptiert hatten, dass es nicht erwünscht ist, sich während des Unterrichts auf Türkisch zu unterhalten. Aber wenn er während seiner Pausenaufsicht Gespräche verfolgen kann, stellt er fest, wie fremd ihm die türkischen Vokabeln sind. Kein Vergleich zum Spanischen oder Italienischen.

Zwar ist er auch dieser beiden Sprachen nicht mächtig, aber zumindest kann er sich manchmal Bedeutungen zusammenreimen. Das geht ihm beim Türkischen völlig ab. Das wurmt ihn. Kann doch nicht sein, dass er als Akademiker noch nicht mal in der Lage ist, seine Schüler, die aus dem Osmanischen Reich stammen, mit ein paar Phrasen in ihrer Sprache zu verblüffen. Wäre doch toll, im Matheunterricht mal eben lässig die Zahlen auf Türkisch auszusprechen.

Er fasst einen Plan.

Er sucht die Unterstützung einer Reiseagentur. Die nächsten Herbstferien sind noch nicht verplant. Ein günstiges Angebot für eine Reise in die Türkei ist schnell gefunden. Der Oktober soll vom Wetter her ideal sein: Nicht zu heiß, aber immer noch angenehme 25 Grad werden versprochen. Das Hotel soll nicht voll ausgebucht sein, und die Speisen und Getränke sind im Preis enthalten. Dort will er nicht nur die Sonne und die Muße genießen, sondern sich auch der türkischen Sprache annähern.

Mit dem Flieger geht es nach Belek, direkt an der Küste gelegen. Nach der Landung in Antalia sorgt ein Bus für einen bequemen Transfer vor die Haustür der 4- bis 5-Sterne-Herberge.

Nach dem Einchecken wird sein Gepäck auf das Zimmer gebracht. Er kann sich direkt in den großzügigen Speisesaal begeben und das Essensangebot bestaunen. Ein riesiges, fast 40 Meter langes Buffet überfordert ihn im ersten Augenblick mit seiner Vielfältigkeit. Es hilft, in aller Ruhe ein paar Sekunden den Blick schweifen zu lassen. Dann kann er durch die Gänge des Buffets schlendern, um sich von Stand zu Stand einen Überblick zu verschaffen. Erst dann greift er sich einen Teller, um ihn mit südländischen Vorspeisen zu füllen. Es ist sehr angenehm, dass es nirgendwo Gedrängel gibt und keiner der anderen Gäste versucht, seinen Teller mit breiten Ellenbogen vollzuschaufeln. An einem der nett dekorierten Tische nimmt er Platz. Schon steht einer der unzähligen Kellner neben ihm und fragt ihn nach seinem Getränkewunsch.

Die Nachfrage erfolgt auf gebrochenem Englisch. Einerseits ist er froh, da er ohne Umstände seinen Weißwein ordern kann. Aber andererseits hat er so natürlich keine Chance, sich dem Türkischen zu nähern.

Nach dem Essen bekommt er von Mitreisenden den Tipp, dass er als passionierter Zigarilloraucher nicht vor die Tür müsse, um seinem Laster zu frönen, denn es gäbe eine sehr gemütliche Raucherlounge.

Die Bar ist nicht nur gemütlich, sondern weist auch eine ungeheure Vielfalt an Getränken auf. Da alles umsonst ist, ist die Verführbarkeit groß. Er ordert bei dem außerordentlich netten Barkeeper einen Gin Tonic. Dazu pafft er seinen Zigarillo vor sich hin. Da der Barkeeper nicht nur nett, sondern auch aufmerksam ist, bedarf es nur eines kleinen Winkes, und ein neuer Drink wird serviert. Als die Bedienung das dritte Mal an seinem Tisch erscheint, nutzt er die Gelegenheit, sich die ersten türkischen Sprachkenntnisse anzueignen. Mit Pantomime und ein paar englischen Wortbrocken fragt er, was denn »Danke« in der Landessprache heißt. Auf die bereitwillig gegebene Antwort kann er sich keinen Reim machen. Zu ungewohnt sind die an sein Ohr dringenden Laute. Er versteht nur irgendetwas mit »Täsch«. Als er Versuche des Nachsprechens unternimmt, erntet er nur ungläubiges Kopfschütteln.

Es vergehen ein paar Minuten, und der Barkeeper kehrt ohne Drink, aber mit einer Papierserviette zurück. Er hat sich tatsächlich die Mühe gemacht, ein Miniwörterbuch Englisch-Türkisch zu gestalten. Er zeigt es und liest vor, um eine Vorstellung zu geben, wie sich die Hieroglyphen in seiner Sprache anhören:

Got morning	=	günaydin
Got iving	=	iyi aksamlar
Hello	=	merhaba
Got by	=	güle güle
One	=	bir

Two	=	iki
Tree	=	üc
Vour	=	dört
Five	=	Bes
Sex	=	alti
Seven	=	yedi
Eiht	=	sekiz
Noin	=	dokuz
Ten	=	on
Danke	=	tesekkür ederim

Er bedankt sich herzlich bei Herrn Hüseyin, denn der Barkeeper hat ihm nicht nur einen weiteren Gin Tonic gebracht, sondern mit ihm auch an der Aussprache gearbeitet. Herr Hüseyin ist nachhaltig und nicht leicht zufrieden zu stellen. Während der Lehrer denkt »Hab ich doch genauso gesagt«, schüttelt Herr Hüseyin den Kopf. Aber mit des Lehrers letztem »tesekkür ederim« kann er dem Barkeeper ein Lächeln ins Gesicht zaubern.

Während des Rückflugs lässt er sich nicht davon abhalten, die Serviette zu entfalten. Still vor sich hin murmelnd memoriert er sein persönliches Wörterbuch. Den fragenden Blick seiner Sitznachbarin ignoriert er. Schließlich will er sich vor seinen Schülern nicht blamieren.

Gleich die erste Mathestunde nach den Ferien nutzt er, seine türkischen Schülerinnen und Schüler zu verblüffen. Nachdem Aishe die Tafel gesäubert hat, lässt er laut und für alle vernehmlich ein »tesekkür ederim« erschallen. Ahmeds erstaunter Ausruf »Mann, Alter!?« zöge normalerweise eine Ermahnung nach sich. Heute entschließt er sich, das als Kompliment zu verstehen. Da er ohnehin gerne mal im Unterricht etwas abschweift, lässt er sich hinreißen, von seinem Urlaub in Belek zu erzählen. Wie er seine Türkisch-Kenntnisse erlangt hat, hält er nicht für erwähnenswert. Aber die Zahlen von eins bis zehn sagt er trotzdem in der

Heimatsprache von Aishe und Ahmed auf. Leider fehlen ihm die Vokabelkenntnisse für die Rechenzeichen. Irgendwie muss dieser Fortbildungstrip doch seinen Niederschlag in seinem Unterricht finden! Kreativ, wie er nun einmal ist, lässt er Urmud die türkischen Zahlen an die Tafel schreiben. Die muss die Klasse bis morgen auswendig lernen.

75. GRUND

Weil er beim Lesen von Gedichten auf merkwürdige Gedanken kommt

Der Lehrer fragt den geneigten Leser, ob ihm ein Mensch namens Güll bekannt ist.

Nein?

Mit ganzem Namen heißt er Friedrich Wilhelm Güll.

Das war ein Mann aus der Biedermeierzeit. Er war Lehrer, aber eben auch Dichter, der damals durch seine herzigen Texte bekannt wurde. Heute ist der Mann vergessen, aber sein Gedicht *Das Büblein auf dem Eise* ist wohl dem einen oder anderen noch in Erinnerung:

Gefroren hat es heuer
Noch gar kein festes Eis.
Ich will es einmal wagen,
das Eis, es muss doch tragen!
Wer weiß?

Natürlich ist das Büblein eingebrochen, wird gerettet, kommt triefend nass nach Hause und wird dann auch noch vom Vater verdroschen.

Dieses Gedicht hatte die Mutter oft dem Lehrer als Kind vorgetragen. Da er ein Landkind war und die Seen damals im Winter meist zugefroren waren, schaffte es die Mutter mit diesem Gedicht, ihren Sohn wirkungsvoller von der Gefahr des dünnen Eises zu überzeugen als mit Verboten oder Ermahnungen.

Und so spukt es noch heute in seinem Kopf herum, es ist ihm noch sehr gegenwärtig und zeigt dem Lehrer, dass Wiederholungen sich intensiv einprägen. Gerade die Wirkung von Gedichten sollte nicht unterschätzt werden, vor allem, wenn man sie in der Kindheit auswendig gelernt hat.

Und so kreisen seine Gedanken um das ganze Konstrukt. Kann man dieses Gedicht in seiner altmodischen Sprache auch noch älteren Schülern nahebringen, oder gibt er sich der Lächerlichkeit preis?

Hier hilft vielleicht eine satirische Annäherung.

Mal angenommen, man beobachtet die Situation und sieht das Büblein einbrechen. Ein beherzter Mann ist nicht in der Nähe.

Wer ist dann zuständig in so einem Fall?

Man selbst? Dann sind zwei Menschen in Lebensgefahr.

Erst einmal 110!

Das Ganze könnte sich dann so abspielen:

»Polizeirevier 15. Wie können wir Ihnen helfen?«

»Ich melde einen Einbruch.«

»Bei Ihnen zu Hause?«

»Nein, am See. Ein Kind ist im Eis eingebrochen.«

»Bleiben Sie da. Tun Sie nichts. Ich stell Sie mal schnell zur Wasserschutzpolizei durch. Die sind für so was zuständig.«

»Tuuut – tuuuut ----tuuut!«

»Wasserschutzpolizei!«

»Ein Kind ist im Eis eingebrochen!«

»Tun Sie nichts, bis wir bei Ihnen sind.«

»Ja, meine Güte, Sie sollen nicht zu mir kommen, sondern zu dem Büblein im See. Das braucht Hilfe, nicht ich.«

»Wir alarmieren die Feuerwehr des Ortes.«

»Bis die da ist, ist das Kind doch schon längst ertrunken.«

Und er kommt zu dem Schluss, dass er wohl doch selber aktiv werden muss.

Tja, alles muss man selber machen. Aber wie?

Oh weh!

Wär nicht ein Mann gekommen,
der sich ein Herz genommen,
oh weh!
Der packt es bei dem Schopfe
und zieht es dann heraus.

Ja, was macht man mit so einem Warngedicht in der Schule?

Was kann der Leitgedanke sein?

Muss man helfen, auch wenn man sich selbst in Gefahr begibt?

Ist Erziehung zum Sicherheitsdenken sinnvoller?

Andererseits hätte Kolumbus nie Amerika entdeckt, wenn er auf Sicherheit bedacht gewesen wäre. Er war leichtsinnig, verhielt sich unverantwortlich, kam nicht an seinem Ziel an und wurde deshalb weltberühmt. Wäre die andere Haltung, den ganzen Tag im Haus zu bleiben, die beste aller Möglichkeiten?

Das Büblein hat getropfet,
der Vater hat's geklopfet
zu Haus.

Ist die Handlung des Vaters in Ordnung, indem er seinen Sohn versohlt?

Hätte er ihn nicht bestärken müssen in seinem Explorationstrieb?

Und vor allen Dingen, hätte er ihn nicht als Erstes in den Arm nehmen müssen?

Wo bleibt denn da die Empathie?

Soll man auf das Reimschema des Gedichtes eingehen?

Also Jambus, Trochäus?

Soll man so was auswendig lernen lassen?

Oder es doch mal mit einem Ermutigungsgedicht versuchen?
Nach dem aktuellen Motto: Wir schaffen das!

Fragen über Fragen. Wer gibt einem die Antwort?

Die muss der Lehrer schon selber finden.

76. GRUND

Weil man zu neuen Hobby's finden kann

Der Lehrer ist gut beraten, wenn er sich neben seiner Tätigkeit zu unterrichten beizeiten ein Hobby sucht. Es darf ja ruhig die Malerei oder das Fotografieren sein. Dann aber auch engagiert. Meinetwegen in den Sommerferien die großen Wüsten der Welt aufsuchen, Kalahari, Sahara oder Gobi, dort Fotos machen, Sand und Geröll mitnehmen. Sich bitte vorher vergewissern, ob das Wüstengestein nicht irgendwelche Artefakte enthält, also ob nicht ein durch menschliche Einwirkung hergestellter oder beeinflusster Gegenstand dabei ist. Sonst landet man schneller als gedacht in einem Gefängnis, nur weil man unwissentlich einen Stein eingesteckt hat, an dem ein Großfürst in prähistorischer Zeit einmal seinen Steinkeil gewetzt hat. Zu Hause dann die Wüstenfotos mit dem Sand und Geröll zu einer Collage verarbeiten. Das Ganze in der Volkshochschule an die Wand hängen. Das wäre doch was. Als Lehrer ist man schließlich für die Bildung des Volkes zuständig.

Wem das zu stressig ist, der kann sich der Seidenmalerei zuwenden, genauer, der Krawattenmalerei, denn alle Jahre wieder zur Weihnachtszeit oder zum Geburtstag eines lieben Freundes steht die Frage: Was soll man denn nun wieder schenken? Soll doch irgendwie persönlich sein, sodass der andere merkt, ja, man hat sich Gedanken gemacht und nicht lieblos mal eben schnell was beim Supermarkt gekauft. Ein Motiv von van Gogh könnte man malen, *Die Brücke von Arles* oder Modigliani, *Liegende Nackte.*

Auch der Schulleiter kann bedacht werden mit einem solchen Geschenk, schließlich ist er ja häufiger auf Konferenzen oder Treffen, wo er es vorziehen muss, neben Anzug und weißem Hemd auch eine Krawatte zu tragen. Hier bietet sich nun wirklich ein selbst gestalteter Schlips an. Okay, nicht unbedingt die *Liegende Nackte* von Modigliani.

Was also für ein Motiv für so einen Menschen?

Ja, ja, es muss schon halbwegs etwas Seriöses sein, aber dann doch auch wieder ein bisschen was Lockeres, was mit Humor. Also was?

Ein Sinnspruch vielleicht:

Wer weiß, dass er nichts weiß, ist weise.
Wer weiß, wo das steht,
was er nicht weiß, kann es nachschlagen.
Wer darüber hinaus nicht findet, was er nicht weiß,
kann mich fragen.

Oder man macht sich selbst eine Krawatte für den Elternabend.

Seien Sie nett zu mir, denn morgen werde ich ihr Kind wieder unterrichten!

Was braucht man für dieses Hobby?

Einen Krawattenrohling aus Seide, also einen Binder, der bereits in Krawattenform existiert, Gutta, mit der man Linien setzen kann, sodass die aufgetragene Farbe nicht verläuft, Seidenmalfarbe, Wasser, Salz zum Gestalten von Farbhintergründen, mehrere Pinsel und einen festen, mit robustem Stoff ausgelegten Untergrund und ein bisschen Fantasie. Und die hat ja ein Lehrer.

Weil einem Unterrichtsideen im Alltag weiterhelfen können

Das weiß man ja, dass immer alles weg ist. Wo ist die Brille? Man weiß es nicht. Wo ist der Autoschlüssel? Man weiß es nicht. Wo ist der Nagelclip? Die Frau zu fragen, kann man sich gleich sparen, die weiß das auch nicht, obwohl, man hat sie zuletzt damit gesehen, im Auto, während der Fahrt zu den Enkelkindern hat sie sich die Fußnägel geschnitten. Die abgeschnittenen Teile hätte sie auch wieder eingesammelt und entsorgt, sagt sie. Beim nächsten Reinigen des Wagens muss man allerdings feststellen, dass dem nicht so ist. Mit dem Münzhochdruckstaubsauger der Autoreinigung an der nächsten Tankstelle kann man die Hinterlassenschaften der Frau entsorgen. Ja, man liebt sie, vielleicht ja auch gerade deshalb. Bei einer solchen Aktion kommen aber auch weitere vermisste oder nicht vermisste Dinge zum Vorschein: eine Willy-DeVille-CD, ein Schnuller des Enkelkindes, die Eintrittskarten vom letzten Theaterbesuch, die Schiffsfahrkarten vom letzten Urlaub zur Belle Île, mehrere Holzeisstiele, Stricknadeln und natürlich – Kugelschreiber. Wie schön, wenn man mal einen wiederfindet. Kugelschreiber sind für einen Lehrer unentbehrlich. Er braucht sie, besonders den mit der roten Mine, denn er muss überall und immer irgendwas korrigieren, Bemerkungen an den Rand schreiben, etwas durchstreichen, drüber- oder darunterschreiben. Die Welt ist eben nicht vollkommen, da muss er eingreifen.

Das Wiederfinden eines Kugelschreibers im eigenen Auto ist zwar ein erfreuliches Ereignis, es löst aber nicht das eigentliche Problem, denn auch ein wiedergefundener Kugelschreiber bietet nicht die Gewähr, dass er sich nicht gleich wieder verflüchtigt. Besonders schnell passiert so etwas im Lehrerzimmer. Die Schulleitung hatte einmal die grandiose Idee, 100 von der örtlichen Sparkasse gesponserte Kugelschreiber im Lehrerzimmer auf den Tischen zu verteilen. Die waren zwar allesamt mit einer blauen Mine versehen, egal, besser als nichts. Und so stand tatsächlich ein Peddigrohrkörbchen randvoll gefüllt mit Kugelschreibern auf jedem Tisch. Na ja, so viele sind dann ja auch nicht nötig, da kann man ja mal einen mit nach Hause nehmen. Einen noch für die Frau, einen fürs Auto, einen für die Manteltasche und einen für den Schreibtisch zu Hause. Das haben andere wohl auch gedacht. Es dauerte keine vier Wochen, da leerte sich das Körbchen zusehends. Auf den anderen Tischen sah es auch nicht anders aus. Merkwürdigerweise waren die Schreiber im Auto und in der Manteltasche zwei Tage später schon wieder verschwunden. Nach acht Wochen war das Körbchen leer. Haben sich da der Hausmeister und die Putzfrauen auch bedient? Das ginge ja wohl gar nicht!

Ihm wird klar, die Menge der Kugelschreiber macht es auch nicht, das ist nicht die Lösung.

Was kann man dagegen machen? Vielleicht den Kugelschreiber ins Namensfach, ins Postfach legen und mit einem Namensschild umwickeln. Da gehört dann schon eine ziemliche kriminelle Energie dazu, den dort rauszunehmen. Andererseits kann es dann passieren, dass der Schulleiter quakt und anmerkt, dass das Postfach kein Aufbewahrungsort ist für irgendwelche Materialien. Ja, der hat gut reden, der hat ja ein eigenes Büro, dem klaut so schnell keiner was. Also, was machen?

Die Lösung ergibt sich im Werkunterricht. Die Schüler stellen Kerzenhalter aus Tonklumpen her. Ein einfacher Vorgang. Ton schön kneten, klopfen und schlagen, damit die Luft aus dem Ton entweicht. Nur aufpassen, dass die Klumpen nicht durch den Raum geschleudert werden. Zur Beruhigung, das passiert eher selten, ist die Ausnahme! Dann dem Klumpen eine ansehnliche Form verpassen, mit einem Bleistift ein Loch reindrücken und zum Trocknen stellen. Fertig. Das heißt, nicht ganz, es fehlen noch der erste Brand, die Glasur und der zweite Brand. Tja, und wer sich auf diese

Unterrichtseinheit nicht gründlich vorbereitet hat, wird feststellen, dass dieser Kerzenhalter nur sehr, sehr dünne Kerzen halten kann – oder: Kugelschreiber!

Mein Vorführklumpen erhält einen für alle Kollegen sichtbaren Standort vor meinem Lehrerzimmerstuhl. Der rote Kugelschreiber ragt wie ein Mahnsignal senkrecht in die Höhe. Wehe, mich fasst einer an!

Zwei Tage später komme ich ins Lehrerzimmer und schau in das schwarze Loch meines Klumpens. »Hallo, wer …?« – »Entschuldige, ich wollte nur ganz kurz …«

Ich habe noch zwei Senkrechthalter für den Klassenraum und meinen Schreibtisch nachgebaut.

Seitdem habe ich bis jetzt nicht mehr ins Leere geschaut.

78. GRUND

Weil man die Beziehungen und Kenntnisse der Eltern und Schüler für sich nutzen kann

Wenn ein Lehrer Geschenke annimmt, dann droht Ärger. Davon berichtet ein Fall, der sich in Berlin zugetragen hat. Eine Lehrerin bekam von ihrer Klasse ein Geschenk im Werte von etwa 200 Euro. Daraufhin wurde die Lehrerin vom Vater eines Schülers, einem Lehrer, wegen Vorteilsnahme angezeigt. Sie musste eine Geldbuße von 4.000 Euro zahlen.

Was lernt er daraus?

Richtig, er sollte eigentlich nichts annehmen, auch keine Abschiedsgeschenke, die den Wert von zehn Euro überschreiten. Da kommt schon mal eine Flasche Wein in Verruf. Darf man das oder darf man das nicht? Gehört die Flasche Wein in eine höherwertige Kategorie? Hat die womöglich mehr gekostet?

Wenn es einen Kläger gibt, kommt man in Schwierigkeiten. Der Verdacht der Bestechlichkeit kommt auf. Also muss er andere Wege gehen, um sich zu bereichern.

Bereichern natürlich nicht im materiellen Sinne. Seine Elternschaft sieht er nicht als Feinde, die ihm mit ihren dreisten Fragen und Forderungen nur das Leben schwer machen wollen.

Nein, man muss die Elternschaft als einen Quell der Bereicherung an Fähigkeiten und Fertigkeiten sehen. Man muss die Berufe der Eltern ausnutzen. Ist ein Schlosser dabei mit eigener Werkstatt, muss man die Chance nutzen. Der kann einen doch anleiten, wie man schweißt. Das ließe sich wiederum ausbauen für eigene kreative Arbeiten bis hin zu meterhohen Stahlplastiken, auf die die Welt nur gewartet hat.

Den Bäcker könnte man überreden, ob er nicht für die große Pause an der Schule Brötchen liefern könnte, natürlich zu Sonderbedingungen.

Gibt es einen Töpfer? Ja? Na wunderbar, da kann man doch mal verstärktes Interesse aufbringen für die Verarbeitung von Ton. Hier wäre mal eine selbst getöpferte Vase fällig, ein Geschenk für die Frau, Tonklumpen auf die Drehscheibe, und los geht es. Es mag wohl sein, dass einem dabei der Ton um die Ohren fliegt von wegen der fehlgeschlagenen Zentrierung des Tonklumpens auf der Töpferscheibe. Da macht die Zentrifugalkraft mit einem, was sie will. Aber die kann man ja umgehen, wenn man auf die Drehscheibe verzichtet. Mit Aufbautechnik unter Anleitung des Meisters lässt sich da doch was machen. Ein Lehrer muss wissen, er ist nun mal kein Handwerker, er muss angeleitet werden, mit Ausnahme vielleicht des Werklehrers.

Computerexperten in der Elternschaft müssen unbedingt mit einbezogen werden in die Unterrichtsarbeit beziehungsweise in die Lehrerfortbildung.

Okay, ob es richtig ist, die Schneiderin mit einzubeziehen beim Kürzen von eigenen Hosen oder beim Aufnähen von Lederflecken auf die arg durchgescheuerten Ellenbogen der Pullover von der ewigen Schreibtischarbeit. Hallo! Vorsicht! Da winkt doch schon wieder das Gespenst Bereicherung und der Satan Vorteilsnahme! Böse, neidische Menschen gibt es ja überall. Wenn die davon etwas spitz kriegen, mein lieber Mann, dann ist man fällig. Dann nutzt es auch nichts, wenn man in die Kaffeekasse einen Zehner des Schneiders tut. Das wäre ein Bestechungsversuch. Wird, wie wir jetzt wissen, erbarmungslos bestraft.

Ja, was kann man denn noch alles abholen von der Elternschaft, ohne schuldig zu werden?

Einen Imker vielleicht. Ja, das wäre es. Man will ja gar nicht das Honigglas billiger haben. Da bezahlt man schon den regulären Preis. Der Bienenexperte könnte aber mal einen Fachvortrag vor seinen Schülern halten. Ob der die Schüler in seiner drögen Art erreicht? Man weiß es nicht. Der wird sich wahrscheinlich dann wohl nur darüber beschweren, wie unaufmerksam und wenig dankbar die Schülerschaft zu ihm war. Die hat ihn doch gar nicht verdient.

Also, noch mal, zurück zum Anfang, wenn eine Klasse seinem Lehrer etwas schenken will, bitte nichts kaufen lassen. Das gibt nur Ärger.

79. GRUND

Weil er sich mit seiner Partnerin in die Eltern von Otto Dix verwandeln kann

Von einem Lehrer erwartet man, dass er kreativ ist. Er muss also eine Fähigkeit haben, aus bereits Vorhandenem etwas Neues und Originelles zu schaffen oder besser – zu schöpfen. Das hat er verinnerlicht. Jeden Tag steht er vor der Herausforderung, seine Schüler zu verblüffen. Nun ja, das gelingt nicht immer, ehrlicherweise sogar seltener, als er sich das wünschte. Aber wer immer strebend sich bemüht, den kann man erlösen.

Sein Bemühen um Kreativität überträgt er aber auch auf alle seine Lebensbereiche. Er würde zum Beispiel nicht in einen Supermarkt gehen und dort von der Stange Geburtstags-, Weihnachts- oder Osterkartengrüße kaufen. Das ist ihm zu banal, zu einfallslos. Wenn das Verschicken solcher Karten schon nicht besonders originell ist, so sollte es doch, wenn man es denn macht, schon zeigen, dass man sich dabei was gedacht hat.

Also, was kann man machen?

Zur Weihnachtszeit einen Gruß verschicken, dass man an seine Liebsten gedacht hat. Ist doch nett, schöne Idee. Nur die Karte muss etwas Besonderes sein. Ja, was nun?

Man könnte ein Zitat aus der Kunstgeschichte zum Thema machen. Wie wäre es mit dem berühmten Bildnis der Eltern von Otto Dix, die er in den Zwanzigerjahren gemalt hat. Die sitzen da auf einem alten abgenutzten Sofa, wirken alt und ausgemergelt, die Hände zeugen von lebenslanger körperlicher Arbeit. Trotzdem strahlt das Paar eine Würde aus.

Ja, das ist es.

Sich mit der besten aller Ehefrauen so auf ein ähnliches Sofa setzen, sich einen Bart ankleben, ein blau-weiß gestreiftes Hemd anziehen, die Hände auf die Oberschenkel legen. Die Frau staffiert sich aus mit einer blau gestreiften Schürze, dazu eine langärmlige Bluse, ihr Blick ist seitlich abgewendet, genauso wie auf dem Original. Sie muss absolut ungeschminkt sein und die Haare zurückkämmen. Das Einzige, was an Weihnachten erinnern soll, ist ein Adventskranz, in dem eine brennende Kerze vor den beiden steht. Als Lichtquelle muss das Tageslicht reichen. Es soll ja dem Original möglichst nahekommen. Der freundliche Nachbar braucht dann nur noch auf den Auslöser der Kamera zu drücken, und fertig ist der originelle Weihnachtsgruß.

Ja, wunderbar, so geht das. Das ist nun wirklich kreativ!

Die Reaktion fällt dann aber doch anders aus als gedacht. Die ironische Anspielung verpufft, wenn der Empfänger das Original nicht kennt. Und man hatte sich doch so viele Gedanken gemacht.

Der Bruder meint, die Karte hätte ihn deprimiert, und wieso wirken die Personen so freudlos. Wieso konnte man nicht freundlicher gucken? Es ist doch schließlich Weihnachten. Nee, das gefalle ihm gar nicht.

Die Schwiegermutter findet, dass ihre Tochter ausgesprochen elend aussieht. Was denn los sei?

Ja, da macht man sich, wie es einem Lehrer gebührt, so seine Gedanken, betreibt Aufwand noch und nöcher und dann das. Perlen vor die Säue. Meine Güte, das ist ja wie in der Schule. Muss man denn alles erklären?

Nö, wenn das so ist, dann eben nicht. Ist ja sowieso keine Sitte mehr, Karten zu verschicken.

Aber ein Lehrer lässt sich nicht so leicht beirren. Tiefschläge kriegt er und kennt er ja aus der Schule genug. So schnell geht der nicht k.o., knock-out schlägt er beim nächsten Zusammentreffen bestenfalls seinen Bruder. Der Lehrer weiß, dass er diese Unbildung nur ausrotten kann, wenn er bei den Kindern anfängt. Und so beschließt er, gleich nach den Weihnachtsferien im Kunstunterricht das Bild von Otto Dix zu besprechen.

80. GRUND

Weil er sich von Sido »Schule« anhören darf

Sido ist ein deutscher Rapper, der dadurch auffällt, dass er provokante Raps macht, die aggressiv sind und die Lebenssituation mancher Jugendlicher in Großstädten beschreibt. Ein Beispiel ist dafür der Rap *Schule*.

Da erfährt man was von einem Schüler, der mal einen Lehrer zusammengeschlagen hat, was wohl seiner Meinung nach doch nicht ganz korrekt war. Aber die Schweinelehrerbande hat das verdient. Und er findet, dass das ganze Schulsystem für 'n Arsch ist, denn die arroganten Lehrer kapieren gar nichts, die machen einfach die Augen zu.

Da spricht einer das aus, was ein Teil der Jugend denkt. Da übernimmt einer für sie das »Ausgekotze«, da kann man mal schön mitbrüllen, geht in der Menge der Anonymität unter und findet Gleichgesinnte. Der frustrierte Jugendliche kann sich stark fühlen. Sido fordert in der letzten Zeile, dass die Lehrer lernen müssen, sie zu versteh'n.

Dazu ist der Lehrer bereit, aber es muss aufseiten der Jugend auch eine Bereitschaft vorhanden sein, den Tag nicht nur mit »Spaß haben« zu verbringen.

Sido wurde mit Preisen überhäuft. Unter anderem bekam er den »Bravo-Otto in Gold« in der Kategorie »Rapper National«, Goldene und Platin-Schallplatten aus Deutschland, der Schweiz und Österreich. Er kommt bei der Jugend an.

Der Lehrer kommt im täglichen Einerlei nicht immer bei der Jugend an. Besonders schwierig ist es immer dann, wenn er in Kontakt mit mehr oder weniger unbekannten Schülern treten muss, die er nicht namentlich ansprechen kann. Er muss öfter Vertretungsunterricht geben. Da gibt es Klassen, denen eilt schon der Ruf der »Problemklasse« voraus. Da freut sich dann der Lehrer besonders, wenn er mal wieder austesten darf, wie weit seine Belastbarkeit geht. Schon auf dem Flur steht ein Empfangskomitee besagter Klasse. Der Lehrer fordert die Schüler auf, in die Klasse zu gehen.

»Ey, Aller, halt mal hier die Schnauze, sonst schieß ich dir deine dämliche Fresse zwischen den Ohren weg!«

Hallo! Was läuft denn hier falsch?

Der Lehrer weiß, sich jetzt aufplustern und auf einen Machtkampf einlassen ist ziemlich sinnlos. Er wird den Kürzeren ziehen.

Also ignorieren und darauf hoffen, dass die beiden die Stunde vor der Tür verbringen werden? Ein Armutszeugnis? Oder eher Überlebensstrategie? Die Schüler verstehen, wie Sido einfordert? Ja, gerne, aber schön realistisch bleiben. Ob es aber in diesem Fall Sinn macht? Einzelgespräche führen, Vertrauen aufbauen, ohne sich anzubiedern, den Schüler von seinem Publikum trennen, macht dann Sinn, wenn man mit ihm täglich zu tun hat, um langfristig eine Verhaltensänderung herbeizuführen. Wer das als Lehrer schafft, bekommt eine Art von Selbstbestätigung, die unbezahlbar ist.

Mal mit dem Klassenlehrer reden. Der Klassenlehrer zuckt mit den Schultern und sagt: »Bei mir ist er nicht auffällig.«

Die Schulleitung wird eingeschaltet. Der Schüler wird ins Rektorenzimmer zitiert.

Die Mutter meint: »Was soll ich denn da tun? Sie sind doch Lehrer. Sie sollten doch wissen, wie man mit so was umgeht.«

Der Lehrer ruft beim Jugendamt an. Das Jugendamt macht schon mal eine Aktennotiz.

Da bleibt die Hoffnung, dass die nächste Vertretungsstunde in einer anderen – sprich harmloseren – Klasse gemacht wird.

81. GRUND

Weil er seine Umwelt auch mal verblüffen kann

Der Lehrer muss feststellen, Jungen und Mädchen ticken anders. Da hilft es auch wenig, beide Geschlechter im Unterricht gleich zu behandeln. Sie sind nicht nur körperlich, sondern auch von der Mentalität her anders veranlagt. Daran wird er erinnert, als er mal wieder mit der besten aller Ehefrauen im Supermarkt einkauft.

Nun ist das Einkaufen in einer solchen Einrichtung für ihn nicht unbedingt mit großer Lust besetzt. Es ist eher eine notwendige Maßnahme, um überleben zu können. So schiebt er geduldig den Einkaufswagen durch die Warenangebotsstraßen, darauf bedacht, bei niemandem anzuecken. Um ihn herum gehen menschliche Wesen ihren Wegen und Gedanken nach. Die grauen, kalkigen Gesichter zeigen keinerlei Regung, die Mundwinkel sind tief heruntergezogen. Die Frauen schmeißen oder legen ihren Einkauf in den Wagen. Der dazugehörige Mann schiebt ihn wort- und blicklos hinterher. Hält an, wenn die Frau ein Kommando grunzt, und fährt an, wenn sie sich weiterbewegt. In dieser menschlichen Einöde sind nur Kinder noch das einzig Lebendige. Jungs laufen durch die Reihen, Mädchen spielen Verstecken oder schreien nach ihren Müttern, die ihnen Gummibärchen oder Marsriegel kaufen sollen. Um kein weiteres Geschrei ertragen zu müssen, erfüllt die Mutter den Wunsch. Das Geschrei verstummt schlagartig, um dann aber wieder neu einzusetzen, wenn etwas Neues entdeckt wird. Dem Lehrer fallen natürlich diese pädagogischen Sünden auf. Da er aber nicht in der Funktion als Lehrer, sondern als Privatmensch vor Ort ist, hält er sich mit seinen Ratschlägen zurück.

Ein kleiner, etwa fünfjähriger Knirps schreit seine Mutter an: »Ich will 'ne Lakritzschnecke!« Die Mutter erklärt, dass die Tüte erst einmal bezahlt werden müsse, anders ginge es nicht.

In der Gemüseabteilung greift er sich eine in Plastikfolie eingehüllte Gurke und beschießt damit seine Umwelt.

»Psch, pschhh, peng!«

Nun kann der Lehrer nicht mehr anders. Er muss reagieren. Und da der Kleine auch in seine Richtung schießt, stürzt der Lehrer mit schmerzverzerrtem Gesicht auf den Boden, wobei er sich mit der linken Hand an die Brust fasst und mit der rechten ein paar Würstchendosen vom Regal reißt, die laut polternd über den Steinfußboden rollen. Dem Einkaufswagen versetzt der Lehrer noch einen Stoß, sodass der in ein Regal fährt und dort verwaist stehen bleibt.

Die Ehefrau hält sich mit weit aufgerissenen Augen entsetzt den Mund zu. Im Supermarkt entsteht abrupt Stille. Alle starren auf den Lehrer und den kleinen Knirps. Der steht völlig überrascht vor dem niedergestreckten Lehrer, der sich nun nicht mehr rührt. Schuldbewusst legt der Kleine die Gurke zurück und schreit verzweifelt nach Mama, die auch schnell zur Stelle ist, um zu retten, was noch zu retten ist.

»Oh mein Gott, was hast du denn, mein Kleiner. Was ist passiert?«

Der Lehrer rappelt sich allmählich auf, schlägt mit den Händen den Staub von seiner Jacke und Hose und sagt:

»Nichts. Ihr Sohn hat nur gerade eben auf mich geschossen. Sonst ist nichts passiert.«

Die Mutter blickt verständnislos auf ihren Sohn, dann auf den Lehrer.

»Wie geschossen?«

»Mit der Gurke!«

»Mit einer Gurke kann man doch gar nicht schießen.«

»Doch, Ihr Sohn schon.«

»Und was soll das jetzt? Machen Sie sich doch nicht lächerlich!«, sagt die Frau.

»Vielleicht achten Sie mal darauf, dass Ihr Sohn eine Gurke als Gurke sieht und nicht als Pistole«, sagt er.

Irritiert geht sie mit ihrem Sohn zur Kasse. Staunend blickt der Junge zurück und läuft dabei versehentlich in den Einkaufswagen eines Kunden. Das ist zu viel. Der Mund des Jungen verzieht sich quadratisch, und er beginnt hemmungslos zu heulen.

Die Mutter reißt schnell die Lakritztüte auf und schiebt dem Kleinen eine Schnecke in den Mund.

KAPITEL 7

DER LEHRER ALS HELFER

Klugheit wird man aus einem guten Unterricht schöpfen, wenn man die wahren Unterschiede der Dinge und des Wertes der Dinge erlernt.

Weil er seinen Schülern hilft, zufrieden im Hier und Jetzt zu leben

Es wurde gejammert, es wird gejammert, und es wird gejammert werden. Das ist keine Übung für den Deutschunterricht, sondern seine feste Überzeugung. Sein belegtes Wissen bezieht sich nur auf die Gegenwart. An allen Ecken wird geklagt, wie schlecht es uns geht. Die Medien überschlagen sich darin, Negativschlagzeilen zu verbreiten. Wir leben in einer schlimmen Zeit. Er kann sich der Propaganda nicht entziehen. Stutzig macht ihn nur, dass für drei Monate eine Sau durchs Dorf getrieben wird und er dann nichts mehr davon hört oder liest. Wenn das Flüchtlingsproblem die Schlagzeilen füllt, ist von Griechenland kaum noch etwas zu lesen. Wenn die Türkei ein Flugzeug Russlands abschießt, hört man nichts mehr von der Ukraine. Wenn in Paris etwas mehr als 100 Menschen Opfer eines Terroranschlags werden, wird schnell vergessen, dass in Afrika jeden Tag so viele Menschen einem solchen Anschlag zum Opfer fallen. Von einem Tag auf den anderen sind Fukushima und Tsunami kein Thema mehr.

Es scheint, als wenn alle Medien darauf hinarbeiten, dass wir begreifen, in welch einer furchtbaren Zeit wir leben. Dem gilt es, als Lehrer gegenzusteuern. Sonst versinkt noch eine Generation in Selbstmitleid und irrationalen Ängsten. Natürlich sollen sich seine Schüler Gedanken machen, wie man die Umwelt schützen kann. Schließlich müssen wir und spätestens sie Entscheidungen treffen, die ein Überleben auf unserem Planeten möglich machen. Sie müssen dafür sorgen, dass nie wieder ein Krieg Deutschland erreicht. Und damit müssen sie sich dafür einsetzen, dass die ungerechte Verteilung des Wohlstandes und der Bildung ein Ende findet. Aber: Er möchte auch, dass seine Schüler erkennen, wie froh sie sein können, in der Jetztzeit in ihrem Heimatland zu leben. Ständig zu beklagen, in was für eine schlimme Zeit man geboren wurde, setzt keine positiven Kräfte frei. Er wünscht sich, dass er vermitteln kann, dass es keine Selbstverständlichkeit ist, so aufzuwachsen, wie es hier möglich ist. Er will die gegenwärtigen Verhältnisse nicht beschönigen. Aber er möchte, dass seine Schüler begreifen, wie gut es ihnen geht. Damit will er nicht sattsame Zufriedenheit erreichen, sondern eine Art von Dankbarkeit, dass er z.B. nicht in einem kriegsgeschüttelten Gebiet lebt. Das setzt aus seiner Sicht positive Kräfte frei.

Mit erhobenem Zeigefinger hat er keine Chance, seine Schüler zu überzeugen. Vielleicht schafft er es mit Fakten.

Deutschlands Wirtschaftsleistung zählt zu den besten der Welt.

Genauso sieht es mit unserer Krankenversicherung aus.

Wir leben in einer Demokratie.

In Deutschland hat es seit 70 Jahren keinen Krieg mehr gegeben.

Auch der Vergleich über Deutschland und die Gegenwart hinaus erinnert daran, wie viel schöner es ist, in der Jetztzeit zu leben.

Noch vor wenigen Jahrhunderten hat man Hexen verbrannt. Die Menschen haben gejubelt vor Begeisterung, wenn es eine öffentliche Hinrichtung gab. Sie konnten gar nicht genug davon bekommen, sich an öffentlich stattfindenden Grausamkeiten zu begeistern. Das Leben, besser gesagt das Sterben, hatte einen anderen Stellenwert. Auch Tiere wurden nicht verschont. Im 16. Jahrhundert wurden Katzen, an Drahtschlingen hängend, verbrannt, und die Zuschauer quietschten vor Vergnügen. Die Rohheit in der damaligen Zeit war genauso groß, wie das medizinische Wissen und Können gering war. Die Lebenserwartung war so niedrig, dass sich keine Rentenanstalt, wenn es sie denn gegeben hätte, Gedanken um den Ruhestand mit 40 hätte machen müssen.

Wer zu Recht beklagt, dass es immer noch viel zu viele Kriege und kriegerische Konflikte gibt, allein im letzten Jahr waren es weltweit über 400, sollte nicht verkennen, dass es eine deutlich erkennbare Tendenz zur Friedfertigkeit gibt. Alle Mitmenschen, die die positiven Ansätze unserer Zeit leugnen, sollten nicht vergessen, dass der

Dreißigjährige Krieg ein Drittel der Deutschen umbrachte. Wenn Mitbürger die täglich zunehmende Gewalt bejammern, dann wissen sie nicht, dass die Gewaltrate von Jahr zu Jahr sinkt. Sie vergessen oder übersehen, welchen Anteil die Medien an ihrer Sichtweise tragen. Heutzutage scheint es berichtenswert, wenn auf der anderen Seite der Welt ein Überfall begangen wird. Die Zeitungen wissen geschickt, ein Gewaltverbrechen auszuschlachten, indem sie mehrfach darüber berichten. Erst wird der Mord geschildert. Im nächsten Aufmacher steht der Mörder vor Gericht. Wenn der Journalist gewieft genug ist, berichtet er von den guten Haftbedingungen des Täters. Später dann macht er sich Sorgen um die Bevölkerung, Sicherungsverwahrung bis zum Lebensende wäre ja wohl angesagt.

Viel zu viele Menschen leiden unter Armut. Das ist ein Fakt, den es zu ändern gilt. Aber er möchte, dass seine Schüler auch die positiven Tendenzen erkennen. Die weit klaffende Lücke zwischen Arm und Reich beginnt sich zu schließen. Der Prozentsatz der Kinder, die in Afrika zur Schule gehen, hat sich seit 1970 fast verdoppelt. Die Lebenserwartung ist weltweit um etliche Jahre gestiegen.

Auch das sollten seine Schüler wissen: Auch wenn ihr Taschengeld nicht ausreicht, weil alles teurer geworden ist, müssen sie anerkennen, dass man vor 200 Jahren noch sechs Stunden arbeiten musste, um Licht für eine Stunde zu erhalten. Heute reicht, beim Mindestlohn, eine Sekunde für die gleiche Leistung.

Der englische Mathematiker und Philosoph Thomas Hobbes schrieb vor über 300 Jahren, das Leben eines Menschen sei »einsam, scheußlich, brutal und kurz«. Der Lehrer möchte, dass seine Schüler erkennen, dass unsere Spezies seitdem einen erfolgreichen Weg zurückgelegt hat. Er möchte ihnen zurufen, was der Rockmusiker Bono in einer Rede den Studenten sagte: »Die Welt ist viel formbarer, als du denkst. Und sie wartet nur darauf, dass du sie in die richtige Form hämmerst.«

Wie es das Schicksal so will. Kaum hat er diese Zeilen geschrieben, liest er in seinem Wochenmagazin von einer Befragung. Die

Deutschen äußern sich zu dem Thema, was sie in diesem Jahr als besonders wichtig wahrgenommen haben. Die 15 wichtigsten Themen werden aufgelistet. Es geht vom Flüchtlingsstrom über Grexit, Brexit, den Germanwings-Absturz bis hin zum FIFA-Skandal. Nur negative Ereignisse werden erwähnt, nichts Positives. Gut, dass wir nicht manipulierbar sind …

83. GRUND

Weil er versucht, seinen Schülern alte Spiele nahezubringen

Letzten Monat saß er in entspannter Atmosphäre mit seinen Freunden zusammen. Irgendwie kam das Gespräch auf die Kinder- und Jugendzeit. Es ging um die Lust am Spielen. Alle waren sich einig, dass diese Erfahrungen mit die schönsten im ganzen Leben waren. So unbelastet und ganz im Hier und Jetzt war man später selten. Die mit den Kumpeln geteilte Lust am Spiel, das manchmal im Kinderzimmer stattfand, meistens aber in der freien Natur, auf der Straße oder auf dem Hinterhof, ließ die Zeit vergessen. Manchmal so sehr, dass man die von der Mutter angesagte Uhrzeit vergaß.

Man erinnert sich.

»Monopoly«. Mehrmals in der Woche fand sich eine eingeschworene Gemeinschaft. Wie Süchtige spielten sie kapitalistische Hinrichtung. Nach einem Jahr, die Regeln wurden kreativ abgewandelt, gestalteten sie handschriftlich Geldscheine, weil die Schuldbeträge in die Millionen gingen.

Oder »Murmeln«. Da konnte bezüglich des Namens keine Einigkeit erzielt werden. Süddeutsch Geprägte bestanden auf »Marmeln«. Einig waren sich alle in der Erinnerung, dass man zu Spielbeginn mit dem Hacken ein Loch in den damals noch ungepflasterten

Gehweg bohrte und aus drei Metern Entfernung versuchte, mit einem Wurf die Kugel ins Loch zu befördern. Die Kugeln waren sogenannte »Glaser« und »Lehmer«. Glaser waren nicht nur teurer in der Anschaffung, sondern brachten auch mehr Punkte. »Lehmer«, kleine Tonkugeln, waren nicht sehr begehrt. Der Sieger durfte alle Murmeln behalten. Über die Art des Anstoßes gab es erneut Streit. Jemand bestand darauf, dass man die Kugel mit dem gebogenen Zeigefinger zum Rollen brachte. Ein anderer aber legte Widerspruch ein. Das »Schibbeln«, wie die norddeutsche Technik genannt wurde, war woanders verpönt. Dort musste man die Kugeln mit dem hinter dem Daumen gespannten Zeigefinger schnipsen.

Die Reise in die Vergangenheit der Spiele der Kindheit brachte noch das Versteckspielen, die Schnitzeljagd, die Ballprobe, Länderjagd und Hinkepot zum Thema.

»Erinnert ihr euch noch an Kippel-Kappel?«

»Na, sach ma! Natürlich kennen wir Kippel-Kappel.«

Sie sind sich einig, dass man dazu ein etwa zwanzig Zentimeter langes, daumendickes Holzstück benötigte. Das spitzte man an beiden Enden mit dem Taschenmesser an. Das war der Kippel. Der Kappel war ein möglichst harter Holzstab von einem halben Meter Länge. Der Kippel wurde über ein Loch gelegt und mit dem Kappel hochgeschleudert. Einer der gegnerischen Mannschaft versuchte nun, den Kippel mit einer Hand (20 Punkte), mit beiden Händen (10 Punkte) zu fangen oder mit dem Kopf zu berühren. Wegen der Verletzungsgefahr gab es dafür 50 Punkte. An der Stelle, wo der Kippel erobert wurde, wurde er hingelegt. Dann wurde versucht, den Kippel mit einem Schlag des Kappels auf das spitze Ende in Richtung Loch zu befördern.

Dem Lehrer geht dieser Abend nicht aus dem Kopf. Er gestaltet an seiner Schule einen »Tag der alten Spiele«. Kollegen und Schulleitung tragen die Idee mit. Die Eltern unterstützen sie.

Kartenspiele, Monopoly, Ballprobe, Hinkepot und Kippel-Kappel werden vorbereitet. Die Begeisterung der Schüler hält sich in Grenzen, aber der vom klassischen Unterricht befreite Vormittag wird genossen. Ihm ist klar, dass er gegen die X-Box oder Handyspiele wenig ausrichten kann.

Einen Versuch war es aber allemal wert.

Weil er der festen Überzeugung ist, dass es auch Sieger geben darf

Der Lehrer hat ein Problem. Er war vor 50 Jahren einmal Schulbester bei den Bundesjugendspielen. Er verbindet somit nur die besten Erinnerungen an die an jeder Schule organisierten Wettkämpfe. Außerdem trainierte er mehrfach wöchentlich im örtlichen Leichtathletikverein und schaffte es zum zweifachen Landesmeister der Jugend. Zweimal bei den deutschen Meisterschaften scheiterte er kläglich in der Qualifikation. Insofern hat er kein Problem mit Siegen oder Niederlagen. Aber jetzt in seinem Job hat er ein echtes Problem mit der Tendenz, möglichst alle Wettbewerbe zu verhindern oder, wenn es unumgänglich ist, dafür zu sorgen, dass sich jeder wie ein Sieger fühlt.

Er hält diese Tendenz für eine pädagogische Entwicklung, die fatale Folgen haben könnte.

Im letzten Jahr konnte er durch seine Stellungnahme gerade noch verhindern, dass die Schulkonferenz eine Abschaffung der Bundesjugendspiele beschloss. Er musste nur damit leben, dass jeder Teilnehmer eine Urkunde bekam. Neben den Sieger- und Ehrenurkunden wurden selbst gedruckte Teilnehmerurkunden eingeführt. Er verkniff sich im Sinne der Sache ein »Wie entwürdigend ist das denn? Ihr traut den Kindern noch nicht einmal zu, verlieren zu können!«.

Natürlich ist Gewinnen im Moment schön und Verlieren nicht schön. Aber, und davon ist er fest überzeugt, weder das eine noch das andere macht auf Dauer glücklich oder unglücklich. Es gibt in unserer Welt keinen Menschen, der immer gewinnt und keinen, der immer verliert. Siege und Niederlagen lassen uns reifen. Diese Erfahrungen befähigen uns, Beruf, Zusammenleben und Alter selbstbestimmt zu gestalten. Und das bleibt doch wohl eines unserer Bildungsziele in der Schule.

Neue wissenschaftliche Erkenntnisse könnten für die Richtigkeit seiner Überzeugung angeführt werden, aber das ist unnötig, wenn man die richtigen Fragen stellt.

Sollen jetzt staatlicherseits »Mensch ärger dich nicht« und »Monopoly« verboten werden, weil das zu Tränen führt?

Sollen Diktate und Aufsätze nicht mehr mit Korrekturen, Kommentaren und Zensuren bedacht werden, nur um zu verhindern, dass der »Autor« eine ehrliche Rückmeldung erhält? Selbstverständlich heißt das nicht, dass ein Legastheniker mit 100 rot markierten Strichen hingerichtet werden muss.

Soll einem Schüler, der die 100 Meter schneller läuft, den Ball besser wirft und das Tor besser trifft, nicht die notwendige Anerkennung zukommen, weil die Schlechteren das nicht verkraften können? Er hat auf anderen Gebieten vielleicht seine Defizite und diese Erfolge bitter nötig. Das heißt keineswegs, dass Bewegungsschwächere nicht gefördert werden.

»Nicht für die Schule, sondern für das Leben lernen wir.« Diese uralte pädagogische Grundaussage gilt auch fürs Verlieren und Gewinnen. Wenn Schule es schafft, darauf vorzubereiten, hat sie viel erreicht. Natürlich ist es für den Lehrer angenehmer, nur positive Rückmeldungen zu geben. Wenn er aber aus Angst, aus Faulheit oder aus falsch verstandener Pädagogik darauf verzichtet, dass sich seine Schüler in einem Ranking wiederfinden, tut er damit seinen Schülern keinen Gefallen.

Weil man keinen Schüler aufgeben muss

Wenn der Lehrer einen Aufsatz wie den unten stehenden liest, müssen natürlich alle Alarmglocken angehen. Aber nicht immer muss gleich der große Hammer herausgeholt und zum Beispiel die Polizei informiert werden. Ein Gespräch, bei dem der Erzieher zuhört, ohne den Schüler mit Vorwürfen zu blocken, kann manches klären.

Gisbert:

(*Gewaltvideos und Computerspiele waren diesem Schüler noch fremd.*) »**Was find ich an der Schule gut oder nicht.** Ich finde, wenn wir morgens zur Schule kommen, dann dürften wir als Erstes die Lehrer verprügeln. Damit sie kapieren, wo es lang geht. In den Stunden müsste man machen dürfen, was man will. Zum Beispiel Musik hören, Video gucken oder Füchse malen. Und man müsste eine Pistole haben, womit man die beknackten Lehrer abknallen kann. In den Pausen nicht rausgehen und schön alles in den Toiletten und Klassen kaputt machen. Zum Beispiel im WC die Klobrillen in tausend Stücke schlagen, damit die Putzfrauen endlich mal was zu tun haben. Und in den Klassen die Tische durchsägen, damit wir nicht mehr zu lernen brauchen.

Den Sportunterricht so gestalten, dass ein Spiel auf Leben oder Tod gemacht wird. Zum Beispiel 9a gegen 9c. Jeder Schüler bekommt ein Messer und dann, wenn vom Lehrer gepfiffen wurde, dass die Schüler sich gegenseitig abstechen, und die Klasse, in der die meisten Toten sind, hat verloren. Und die Leute, die verletzt sind, werden mit einem großen, schweren Eisenhammer auf den Schädel geschlagen, sodass der Schädel breit ist. Und aus diesen zerfetzten Menschen müsste dann Suppe gemacht werden und die müssten die Lehrer essen, bis es ihnen wieder aus den Ohren rauskommt.

Aber so kann natürlich kein Unterricht sein, denn das wäre ja Mord und Totschlag. Der Unterricht ist am besten, wenn sich jeder normal verhält und der Unterricht ganz cool und lässig verläuft. Und dass man bei jeder Klassenarbeit das Buch oder Heft benutzen dürfte und dass Hausaufgaben keine Pflicht wären und dass man in den Pausen im Schulgebäude bleiben darf und auch oben in der Schülerbücherei und dass dann nicht ein Lehrer wie Stukanitz kommt und die armen Kinderchen rausweist und ihnen dann noch zu schreiben aufgibt. Dann wäre die Schule ganz geil. Die vielen Milchgetränke müssten auch abgeschafft werden und dafür lieber gesundes Obst und Gemüse oder Cola und Säfte, Cola, Sprite und Fanta verkauft werden. Statt der ätzenden Milchschnitte wünsche ich mir lieber schönes Obst, wie zum Beispiel Obst aus Haralds Garten.

Und so doofe Typen wie Klaus Parsen müssten gleich vergast werden, weil das so eine Zumutung für Deutschland wäre. Ferien müssten auch länger sein und die Schulstunden kürzer und dass man sich von den Lehrern nicht alles gefallen lässt.

Doch so würde das auch zu nichts führen.«

Gisbert ist heute glücklich verheiratet, hat einen tollen Job und drei Kinder. Wenn er heute seinem Lehrer auf der Straße begegnet, schwärmt er von seiner Schulzeit.

86. GRUND

Weil er Schüler bestärken kann, die einen anderen Weg beschreiten wollen

Des Lehrers Tochter Marthe möchte später mal ein Pferd haben. Sie hat schon mal auf einem gesessen, letzten Sommer, bei den Ferien auf dem Bauernhof. Das war in den Alpen. Und das war ganz toll, als sie merkte, dass das große Tier das machte, was sie wollte. Das war ein schönes Gefühl. Jetzt will sie später mal was mit Pferden machen. Was das genau sein soll, ist ihr noch nicht klar, aber irgendwas mit Pferden, das ist ganz klar. Ihre Eltern finden das gar nicht gut.

»Aber wenn man etwas ganz stark will«, sagt Marthe, »dann schafft man das auch.« Die Eltern halten das für pubertäre Hirngespinste. »Lass sie mal erst die Jungens näher kennenlernen, dann wird sich das mit den Pferden von selber erledigen.«

Die Jungens kamen und gingen, die Pferde blieben.

Auf solche außerschulischen Erlebnisse, die einen Lebensweg formen, hat der Lehrer wenig Einfluss.

Es gibt aber Begebenheiten, die nicht unmittelbar mit dem schulischen Alltag zusammenhängen, auf die der Lehrer sehr wohl Einfluss nehmen kann.

Daher ist es ein wichtiges Ziel für den Lehrer, die Möglichkeiten zu erkennen, die Schüler haben. Das sollte frühzeitig passieren, denn es gibt niemanden, der nichts kann, alle haben Begabungen, die nur entdeckt und angestoßen werden müssen.

Dennis macht gerne Mitschüler nach, kann auch seine Lehrer gut parodieren. Er hat ein komisches Talent, denn er kann auf Kommando lachen, weinen, eben seine Gefühle rauslassen, auch vor anderen. Er ist gerne der Klassenclown, weil er dadurch die Aufmerksamkeit und Anerkennung seiner Klasse hat. Das kommt nicht bei allen Lehrern gut an:

»Sag mal, dein Dennis geht mir mit seinen Albernheiten total auf den Senkel! Der muss unbedingt in seine Schranken gewiesen werden. Du als Klassenlehrer musst da mal was machen.«

Er hat recht. Der Lehrer spricht Dennis darauf an, ob er sich nicht einmal bei der Jugendtheatergruppe im Ort vorstellen möchte. Seine schauspielerische Begabung braucht unbedingt ein größeres Publikum.

»Oh, nää, da muss ich zu viel Text auswendig lernen.«

Das lässt der Lehrer aber nicht gelten, und so schleppt er ihn ins Theater.

Ein halbes Jahr später spielt er im Weihnachtsmärchen die Hauptrolle.

Ein paar Jahre später erfährt der Lehrer, dass Dennis in einer bayrischen Kleinstadt am Theater festes Ensemblemitglied geworden ist. Er spielt im Musical *Hair* eine Hauptrolle, und im nächsten Monat beginnen bereits die Proben zu *Andorra* von Max Frisch.

Da muss der Lehrer natürlich hin, zur Premiere von »Hair«. Er muss doch sehen, wie sein Pflänzchen sich entwickelt hat. Und Dennis tanzt und singt und beglückt die Zuschauer mit seinem intensiven Spiel.

Dann ist ja wohl doch nicht alles falsch gelaufen in der Erziehung, denkt der Lehrer und hat irgendwie ein stolzes Gefühl. Dafür schämt er sich ein bisschen, denn stolz kann man doch nur sein, wenn man etwas selber getan hat. Aber er beschließt, heute mal nicht so streng mit sich zu sein. So ein kleines bisschen hat er doch auch dazu beigetragen, dass es so gekommen ist mit Dennis. Bei der anschließenden Premierenfeier fällt Dennis aus allen Wolken.

»Mein alter Lehrer! Ich fass es nicht. Hallo Leute, guckt mal. Der ist an allem schuld!«

87. GRUND

Weil er die Möglichkeit hat, seine Schüler zu gesundem Essen und Trinken anzuleiten

Ein Lehrer hat neben der Stoffvermittlung auch darauf zu achten, dass der Schüler psychisch und physisch gesund bleibt, denn nur in einem gesunden Körper kann sich erst ein guter Geist entwickeln.

So oder so ähnlich hat das mal ein römischer Schriftsteller zu Papier gebracht.

Wenn dem so ist, muss er, der Lehrer, unter anderem das Ess- und Trinkverhalten seiner Schüler genauer untersuchen. Und da er ja weiß, dass literweise Cola getrunken wird, fängt er bei seinen Unterrichtsexperimenten auch damit an, Cola zu untersuchen. Das Ergebnis zeigt, dass nicht nur Wasser, Zucker und Kohlensäure enthalten ist, sondern auch der Farbstoff E 150d, der die schöne dunkle Farbe erregt. Das ist ein Stoff, der unter dem Verdacht steht, Krebs zu erzeugen. Coca-Cola meint, dass das mal wieder den Verbraucher verunsichern soll. Wenn man seinen Beruf ernst nimmt, muss man aber doch als Lehrer warnen. Man ist doch kein Erfüllungsgehilfe des Cola-Imperiums.

Und was ist noch enthalten? Vor allem auch Zucker, der 20 Prozent des Inhalts ausmacht. Damit es vorstellbar wird, das bedeutet etwa 35 Stücke Würfelzucker pro Liter. Zucker ist nun mal nicht gut für die Zähne, und außerdem begünstigt es auf lange Sicht Herzkrankheiten und macht alt und krank. Na, ob diese Erkenntnis eine Verhaltensänderung bei den Schülern erzeugt?

Und was ist mit den Sachen, die man so den ganzen Tag lang in sich reintut?

Chips, Pommes und Burger.

Was ist darin enthalten?

Kartoffeln, Aromastoffe, Geschmacksverstärker, Fett, Acrylamid, Solanin.

Bei Chicken-Burgern: alles vom Huhn, wirklich alles, also, auch Schnabel, Füße, Innereien, Augen.

Wer will denn bitte so was essen?

Die Schüler natürlich.

Da hat man als Lehrer die Pflicht, aufzuklären. Er hat doch eine Verantwortung seinen Schülern gegenüber.

Zum Mittag holt er sich vom Supermarkt, weil er es eilig hat, eine Sushi-Box. Reis und Fisch, Sojasoße und Wasabi, sonst nichts.

Das ist gesund. Man muss den Schülern gegenüber ein Vorbild sein, auch wenn der Schüler das gar nicht mitkriegt.

Auf der Rückseite der Verpackung liest er zufällig die Sushizutaten.

Im Reis: Glukose-Fruktose-Sirup, Reisessig, Salz, Sonnenblumenöl, Natriumnitrate. Weiter enthalten sind Zucker, Maissiruppulver, konzentrierter Ananassaft, Eigelb von Eiern aus Bodenhaltung, Tomatenpüree, Essigsäure, die Farbstoffe Capsanthin, Carotin, und Stabilisator Xanthin, der, in größeren Mengen verabreicht, zu Durchfall führt. Der rohe Lachs kommt aus Norwegen und die rohen Garnelen aus Vietnam.

Der Lehrer muss sich eingestehen, dass er sich auch nicht immer so gesundheitsbewusst ernährt, wie er es gerne nach außen vertritt. Na gut, dann morgen wieder gesund essen.

88. GRUND

Weil er auch mal Erste Hilfe leisten muss

Ein Lehrer ist verpflichtet, an Erste-Hilfe-Kursen teilzunehmen. Das ist auch gut so, denn er wird wahrscheinlich im Laufe seines Lehrerlebens auf die dort gesammelten Erfahrungen zurückgreifen müssen. Und wenn er schon länger im Dienst ist, tut ein Wiederholungskurs gut. Wie war das noch mal? Wie verhält man sich bei Schnittwunden, Bewusstlosigkeit? Wie macht man eine Mund-zu-Mund-Beatmung? Wie führt man eine Wiederbelebung durch Brustkorbdrücken durch? Wie legt man einen Verband an?

Man kann ja nur hoffen, dass man nicht in so eine missliche Lage kommt.

Bei der Erklärung der Addition von Brüchen wird es in einer Ecke der Klasse unruhig.

»Was ist los?«

»Christine blutet!«

»Wie? Sie blutet?«

»Sie hat Nasenbluten!«

Ein Schüler rennt aus der Klasse.

»Wo willst du denn hin?«

»Ins Lehrerzimmer, Kühlpack holen, für den Nacken.«

»Meine Mutter hält mir immer die Nase zu. Das hilft auch.«

Der Lehrer weiß es mal wieder besser. Er zerreißt ein Tempotaschentuch und gibt Christine ein Stück, das sie sich unter die Zunge legen soll. Als der Schüler mit dem Kühlpack kommt, ist das Nasenbluten bereits behoben. Toll, was der Lehrer alles kann. Die Fortsetzung der Bruchrechnung aber wird jetzt eher in die Brüche gehen.

Wenn sich aber in der Sportstunde ein Schüler beim Handballspiel den Arm bricht, daran zu erkennen, dass der Unterarm im rechten Winkel absteht, verlangt es ruhige und zielgerichtete Reaktionen des Lehrers. Was jetzt? Den Schüler in die stabile Seitenlage bringen, zwei Schüler zum Sekretariat schicken, die der Sekretärin sagen sollen, dass der Notarztwagen geholt werden muss. Beruhigend auf den Schüler einreden. Die Schüler in die Umkleidekabine schicken. Warten – warten – warten. Nach einer gefühlten Stunde kommt endlich der Notarztwagen. Der Lehrer schaut auf die Uhr und stellt fest, dass gerade mal acht Minuten vom Anruf bis zum Eintreffen des Rettungswagens vergangen sind.

In solchen Momenten wird der Lehrer demütig. Wie schön, dass er nicht allein ist, dass es Menschen und Einrichtungen gibt, die einem helfen. Schließlich kann er nicht alles.

Bleibt für ihn nur noch die unangenehme Pflicht, die Eltern zu benachrichtigen.

Die Mutter an der Arbeitsstelle anrufen.

»Ja, Frau Müller, Ihr Kind hat sich eben in der Sportstunde den Arm gebrochen.«

»Oh, mein Gott, wie ist denn das passiert?«

»Es war ein Unfall. Er ist in der Sportstunde beim Wurf aufs Tor unglücklich gefallen.«

»Ach, was alles so passiert in der Schule. Man kann ja gar nicht mehr ruhigen Gewissens sein Kind in die Schule schicken.«

»Frau Müller, es war ein Unfall. Da hatte keiner Schuld. Das passiert schon mal.«

»Wollen Sie damit sagen, dass in Ihrem Unterricht die Schüler damit rechnen müssen, sich Arme und Beine zu brechen?«

»Nein, das will ich damit nicht sagen. Ich will nur sagen, dass das ein Unfall war. Keiner kann etwas dafür.«

»Ach, Sie wollen sagen, dass Ihnen das egal ist, was meinem Kind passiert ist. Das ist ja prima.«

»Das hab ich so nicht gesagt. Ich meine nur, dass kein Mensch vor Unfällen geschützt ist.«

»Ich will Ihnen mal was sagen. Sie haben eindeutig gegen die Aufsichtspflicht verstoßen. Ich werde mir weitere rechtliche Schritte vorbehalten und mich mit meinem Mann beraten. Sie hören von mir.«

»Ja, machen Sie das. Wollen Sie noch wissen, wo Ihr Kind jetzt ist?«

Nein, offensichtlich nicht, denn auf der anderen Seite ist bereits aufgelegt worden.

So was muss ein Lehrer schon mal aushalten. Das wird schon wieder.

Unfälle in der Schule sind aber meist einfacherer Natur, wie zum Beispiel Schürfwunden, Wespen- und Bienenstiche, Beulen am Kopf, Verstauchungen und Bisswunden, die mit üblichen Hausmitteln zu behandeln sind.

Bei herausgeschlagenen Zähnen, Platzwunden, Augenverletzungen und herausgerissenen Piercings und Haarbüscheln sollte man für ärztliche Betreuung sorgen.

KAPITEL 8

DER SCHULALLTAG

Irgendwann werden die Schüler es ihm danken, dass er ihnen gezeigt hat, dass ein Leben ohne Smartphone möglich ist.

Weil er seinen Schülern zeigen kann, dass ein Leben auch ohne Smartphone möglich ist

Der Lehrer fragt sich, warum das, was vor einigen Jahren noch möglich war, in der heutigen Schule nicht mehr umzusetzen ist. Damals konnte man noch eine Klasse überreden, nach Uffing in Oberbayern zu fahren. Na gut, »überreden« ist vielleicht das falsche Wort. Das wurde von ihm ganz einfach vorgegeben. Die Eltern stimmten wegen der vertretbaren Kosten zu. Dass Wandern in den Bergen mit zum Programm gehörte, verschwieg er, wie auch die karge Unterkunft in einer sehr alten Jugendherberge. Das Bergwandern war ein Kampf mit den motzenden und den, nach eigenen Angaben, nahe vor dem Zusammenbruch stehenden Schülern.

»Das ist ja schlimmer als beim Militär!«

»Womit haben wir das verdient?«

»Mein Vater ist Rechtsanwalt.«

Noch Jahre später schwärmten seine Schüler auf Treffen von dieser Klassenreise.

Damals schaffte er es sogar, seine Schüler zu überreden, mit ihm Fahrrad zu fahren. Das klingt ein wenig profan, aber immerhin hatte die Klasse 36 Schüler, und die Fahrt sollte über 120 Kilometer gehen. Noch heute weiß er nicht, warum er und seine Schützlinge sich darauf einließen, aber der Erfolg gab ihm recht.

Das Gepäck wurde in seinem VW-Bus transportiert. Alle 36 Schüler schafften die Strecke. Hin und zurück. Kleine Pannen wurden mit Gelassenheit getragen, und selbst die wenigen Kilometer auf der Bundesstraße überstand die 180 Meter lange Schlange unfallfrei. Ob er sich das heute noch mal trauen würde?

Vor Ort mussten sie jeden Tag noch vier Kilometer zu Fuß zurücklegen, um an einen Binnensee zu gelangen. Dort fand ein Windsurf-Kursus statt. Den Abend beendete ein gemeinsames Kochen.

Das war »Outdoor-Education« at it's best. Auch wenn er den Begriff noch nicht kannte. Den brachte ihm sein Kumpel Diedel erst Jahre später bei. Der lernte in seinen Ferien das englische Schulwesen kennen und staunte über das dortige Schulprogramm. Einmal im Jahr mussten die Schüler für eine Woche in die Natur. Dort mussten sie segeln, Kanu fahren oder »Abseiling« üben.

Er fragt sich, warum deutsche Schulen nicht davon lernen. Statt Klassenfahrten zu unternehmen, die man Studienreisen nennt, sollte man den Schülern die Gelegenheit geben, sich auf so eine Weise zu erfahren. Das Smartphone müsste dann natürlich zu Hause bleiben.

Der Protest ist programmiert. Das muss er aushalten. Irgendwann werden die Schüler es ihm danken, dass er ihnen gezeigt hat, dass ein Leben ohne Smartphone möglich ist.

90. GRUND

Weil auch er sich den guten Vorsätzen nicht entziehen kann

Jedes Jahr vor dem Beginn eines neuen Jahres ist die Zeit der guten Vorsätze gekommen. Man könnte sich dem ja auch entziehen. Schließlich ist es nicht verboten, dieselben zu jedem beliebigen Zeitpunkt zu fassen. Aber die Medien treiben ihr Spiel und fordern von vielen Prominenten Absichtserklärungen ein. Außerdem lädt der kalendarische Beginn geradezu dazu ein, an den eigenen Verhaltensweisen etwas zu ändern. Spräche ja auch nichts dagegen, wenn nicht die Erfahrung dagegenspräche. Jeder Vorsatz, vielleicht auch noch in der Familie verkündet, birgt die Gefahr des Versagens in sich. Also, keine Vorsätze = keine Niederlagen.

Da der Lehrer auch nur ein Mensch ist, unterliegt auch er immer wieder der Versuchung, sich etwas vorzunehmen. Schließlich bedeutet Leben auch, Risiken einzugehen. Und was ist das für ein Glücksgefühl, wenn der Vorsatz auch tatsächlich realisiert wird!

Die klassischen guten Vorsätze hat er sich alle schon ein- oder mehrmals zu eigen gemacht. Das mit dem Abnehmen, Weniger-Alkohol-Trinken, Mehr-Sport-Treiben und Gelassener-Werden endete jedes Mal mit Frust.

Dieses Jahr entscheidet sich der Lehrer dafür, wieder mutig zu sein. Er will gute Vorsätze fassen. Diesmal aber will er auf die Klassiker verzichten. Warum nicht einmal an sein berufliches Umfeld denken?

Er verfasst eine Liste, bei der er keinerlei Prioritäten gelten lässt:

> Die Schulsekretärin nicht anblaffen, wenn sie eine Schülerakte verlegt hat.

> Sich bei der Schulsekretärin bedanken, wenn sie ihm bei seinem Beihilfeantrag hilft.

> Den Hausmeister loben, wenn der wegen eines Elternabends Überstunden macht und nicht einfach um 22.00 Uhr das Licht ausmacht.

> Seinen Schülern seine Anerkennung aussprechen, wenn sie diszipliniert und lebendig mitgearbeitet haben.

> Die Pausenaufsicht nicht vergessen.

> Dem Schulleiter eine positive Rückmeldung geben, wenn eine Konferenz nicht verlabert wurde.

> Immer selber pünktlich im Unterricht erscheinen.

> Sich beim Klassenlehrer bedanken, wenn der mit ihm als Fachlehrer pädagogisch an einem Strang zieht.

> Den Eltern zeigen, dass es keine Selbstverständlichkeit ist, wenn sie ihn bei außerschulischen Veranstaltungen unterstützen.

> Seine Schüler nicht nur fordern, sondern sie dabei fördern, wenn sie ihre Stärken zeigen können.

> Er hält inne, weil er merkt, dass er die Liste beliebig lange fortsetzen könnte. Er entschließt sich dazu, einen Punkt zu setzen. Schließlich muss er sich selber vor einer drohenden Überforderung schützen.

Er packt die Liste in seine Schultasche. Kann ja nicht schaden, in den Pausen mal einen Blick darauf zu werfen. Schließlich sind ihm die Vorsätze zu wichtig, als dass sie der Vergessenheit zum Opfer fallen dürften.

91. GRUND

Weil er sich der Sprache seiner Schüler nicht auf Dauer entziehen kann

Er muss es zugeben. Manchmal rutscht auch ihm in der Klasse mittlerweile ein »geil« heraus, wenn er eine Leistung besonders gut findet. Vor Jahren noch war das für ihn unvorstellbar. Da wurden seine Zöglinge getadelt, wenn sie dieses Unwort aussprachen. Warum sich das geändert hat, kann er selber nicht nachvollziehen. Er weigert sich einzugestehen, dass das etwas mit Anbiederung zu tun hat.

Aber wenn er sich die Liste der Jugendwörter ansieht, die gewählt worden sind, fühlt er sich gefeit. Nie würde er so etwas in den Mund nehmen. Na, mal abwarten.

2015 wurde »Smombie« zum Jugendwort des Jahres gewählt. Eine Verballhornung der Begriffe »Smartphone« und »Zombie«. Das meint die Leute, die nur noch auf ihr Handy starren und ihre Umwelt kaum noch wahrnehmen.

Mit »Discopumper«, »rumoxidieren« und »Tinderella« kann er nichts anfangen. »Merkeln« und »Augentinnitus« aber, dazu glaubt er einen Zugang zu haben. Genauso wie zu der Bezeichnung einer schönen Landschaft: »Earthporn«.

Vor ein paar Jahren wunderte er sich, dass der Begriff »gediegen« in der Liste auftauchte. Der stand für cool und lässig. Das kam ihm irgendwie bekannt vor. Sagte man doch in seiner Jugend häufig »Das ist ja gediegen«.

»Eckenkind« (Schüler ohne Freunde) wurde ebenso aufgelistet wie »Gehirnfasching (abwegige Ideen haben). An seine Profession erinnerte ihn »YOLBE«. Wer auch immer das Kunstwort entwickelt hatte, es bedeutete »You only live bis Elternsprechtag«. Solche Ängste hätte er gar nicht vermutet.

Wird wohl alles nicht Eingang in seinen Sprachschatz finden. Aber wer weiß? »Geil« ist es schließlich auch gelungen.

92. GRUND

Weil er an Elternabenden teilnehmen darf

Nein, es ist nicht so, wie so viele denken. Nicht der Klassenlehrer lädt zum Elternabend ein, sondern der Klassenelternbeiratsvorsitzende hat das in seinen Händen. Der gestaltet auch das Programm und hofft auf eine rege Teilnahme, nicht nur der Eltern, sondern auch des Klassenlehrers und der Fachkollegen.

Dass dann der Klassenlehrer meistens das Regiment übernimmt hat unterschiedliche Gründe. Meistens ist der Elternvertreter froh, die Verantwortung abgeben zu können. Andererseits freut sich der Klassenlehrer, dass er die Sache in der Hand hat. Diese Freude dauert nicht immer den ganzen Abend lang. Wenn die Kritik zu umfassend wird, bleibt ihm nur noch Schadensbegrenzung.

Im Laufe seiner zunehmenden Berufserfahrung erlebt er Abende mit nur wenigen Teilnehmern, die nach einer Stunde beendet sind. Die Wahlen zum Klassenelternbeirat sind problemlos verlaufen. Es waren genügend Kandidaten da. Er erlebt aber auch Elternabende, die sich ewig lang hinziehen, bis der Hausmeister in der Tür steht und deutlich macht, dass er jetzt die Schule abschließen will, weil er auch mal Feierabend haben möchte. Solche Abende sind selten von fruchtbaren Diskussionen geprägt, sondern durch die Selbstdarstellungen einzelner Elternvertreter.

Mit den Jahren hat er erkannt, dass es klassische Typen gibt.

Die Schweiger. Sie äußern sich nicht und tragen alle Entscheidungen mit. Die trauen sich entweder nicht oder sind von ihrem Partner zwangsverpflichtet worden. Sie sind froh, wenn die Veranstaltung schnell beendet ist. Damit haben sie die Sympathie des Klassenlehrers. Vielleicht sind sie auch nur still, weil sie Angst haben. Sie haben die vage Ahnung, dass gerade ihr Sprössling an den Pranger gestellt werden soll.

Die »Helikoptereltern«. Die ringen nicht um allgemeine Verbesserungen, sondern ihnen geht es nur um ihr eigenes Kind. Sie zeigen kein Verständnis, wenn darum gebeten wird, dass ihr Kind nicht mit dem Auto zur Schule gebracht wird. Sie tragen die Schultasche ihres Nachkömmlings bis in die Klasse und warten, bis der Lehrer kommt. Ihrem Kind könnte ja Ungemach drohen. Sie diskutieren nicht um Noten, weil der Notenschnitt insgesamt so niedrig war, sondern weil die Beurteilung für ihr Kind aus den verschiedensten Gründen nicht zu akzeptieren ist.

Die Nörgler und Schlechtmacher. Die haben einfach die Hasskappe auf, wenn es um die Schule ihrer Kinder geht. Die macht einfach alles verkehrt. Die Lehrer werden in einer Weise angegriffen, dass man sich fragt, ob Empathie und Sozialkompetenz überhaupt nicht in Betracht gezogen werden. Oft ist es aber auch hilfreich für den Klassenlehrer, wenn nachgefragt wird. Wenn aber hinterhältige Fragestellungen und Unterstellungen überhandnehmen, muss er sich gerade machen.

Die Unterstützer. Die dürfen nicht vergessen werden, denn sie erleichtern jedem Klassenlehrer die Gestaltung der Zusammenkünfte. Und sei es nur, weil sie bereit sind, eine Aufgabe im Klassenelternbeirat zu übernehmen.

Er muss gestehen, dass Elternabende nicht zu den Lieblingstätigkeiten seines Berufes gehören. Nicht, weil er deshalb seine Lieblingsserie im Fernsehen versäumt, sondern weil er die verschleuderte Energie gerne in den Unterricht stecken würde. Individuelle Gespräche mit den Erziehungsberechtigten hält er für weitaus effizienter.

93. GRUND

Weil er auch mal die Schule verlassen muss

Der Stundenplanbauer ist nicht erfreut, wenn der Lehrer mit seiner Klasse die Schule verlassen will.

Aber darauf kann der Lehrer keine Rücksicht nehmen. Es treibt ihn mit seiner Klasse in die nahe gelegene Großstadt. Er will ins Museum, genauer in die Kunsthalle, die nach dreijährigen Umbauarbeiten wieder eröffnet ist. Er ist gespannt auf die klassischen Sammlungsbereiche des Hauses, gespannt auf die Alten Meister, auf die Klassische Moderne und die Kunst der Gegenwart. Nun gut, er kennt das ja alles. War ja oft genug da, und die Kunsthalle wird nicht plötzlich völlig andere Meisterwerke zu bieten haben. Aber in welchen Kontext sie gestellt, wie sie präsentiert werden, vor allem, wie die Räume umgestaltet sind, das interessiert ihn, und damit hat es auch seine Klasse zu interessieren. Ist er doch von dem Wert überzeugt, den es hat, die Kunst der Menschheit an sie heranzutragen. Das sind doch unvergessliche Eindrücke, die die Schüler mit in ihr Leben nehmen. Sie werden es ihm später einmal danken, dass er sie mitgenommen hat auf die Reise zur Kultur der Völker. Noch dazu, wo er jetzt gerade gelesen hat, dass der britische Kreativitätsforscher Paul Collard festgestellt hat, dass die ästhetische Erfahrung von ungeheurer Wichtigkeit für die Entwicklung des Gehirns ist. Sie legt Grundlagen an, die es erst möglich machen, das Gehirn so zu programmieren, dass die anderen Bereiche der

Bildung zum Tragen kommen, dass dort Straßen angelegt werden, auf denen später einmal die Gedanken fließen können, die es dem zukünftigen Erwachsenen einmal ermöglichen, zu einem selbstbestimmten, freien Menschen zu werden.

Außerdem ist die Kunsthalle kein Raum für auserwählte Gruppen der Gesellschaft, sondern sie ist für alle da. Somit auch für pubertierende Schüler, die nicht immer angemessen für die Gesamtheit der Gesellschaft funktionieren und mehr oder weniger unangepasst ein solches Gebäude für sich erobern.

Das stört den Lehrer nicht, das muss er aushalten. Und so werden sie von ihm gezwungen, sich vor Caspar David Friedrichs Bild *Der Wanderer über dem Nebelmeer* niederzulassen und sich zu äußern.

»Wieso läuft der denn im Anzug und blanken Straßenschuhen in den Bergen rum. Das ist doch Quatsch. Wo ist denn seine Bergsteigerausrüstung?«

»Da soll er mal aufpassen, dass er nicht abstürzt.«

»Warum hat der denn einen Stock? Damit sollte er man lieber nicht auf den Berg kraxeln.«

»Da oben kann er doch gar nix sehen bei dem Nebel.«

»Und was ist da nun spannend an dem Bild?«

»Ich finde das langweilig.«

»Wie lange müssen wir hier noch sitzen?«

Und der Lehrer merkt, dass es noch ein langer steiniger Weg sein wird, bis aus den ersten schmalen Gedankenwegen in den Köpfen der Schüler sich eine Autobahn entwickeln kann, auf der die Ideen fließen können. Aber der erste Schritt ist gemacht, da ist er sich ganz sicher.

Weil sich seine Schützlinge ihre Kindlichkeit bewahrt haben

Das Papier ist eine der größten Erfindungen der Menschheit. An dieser Tatsache wird auch der Computer nichts ändern. Auch wenn es schon lange seine Kostbarkeit verloren hat, sollten die Verfechter der digitalen Revolution nicht übersehen, wie vielfältig es genutzt wird. Man kann ganz klassisch darauf einen Brief verfassen oder mit Stift und Feder ein Kunstwerk gestalten. Beim Telefonieren kann man sich Notizen machen oder einfach nur, wenn der Gesprächspartner zu langatmig ist, darauf kritzeln. Außerdem kann man es bei hinreichendem Ordnungssinn sortiert ablegen. Das nimmt einem die Angst, dass wichtige Dateien in den Tiefen des Computers verschwinden. Ein Blatt Papier kann aber nicht nur der Gestaltung dienen. Es ist vorzüglich geeignet, um sich zu entlasten. Die Wut über von einem selber oder anderen verfasste Texte muss man nicht am eigenen Partner auslassen. Hilft doch schon sehr, wenn das Blatt zerknüllt und im Zustand der Erregung die Kugel auf den Boden geschleudert wird. Das soll ihm mal einer mit dem Notebook vormachen!

Papierkugeln können aber auch ganz anders genutzt werden. Das macht Christian Morgenstern in einem seiner Palmström-Gedichte deutlich:

Die Kugeln
Palmström nimmt Papier aus seinem Schube
Und verteilt es kunstvoll in der Stube.
Und nachdem er Kugeln draus gemacht.
Und verteilt es kunstvoll, und zur Nacht.
Und verteilt die Kugeln so (zur Nacht),
daß er, wenn er plötzlich nachts erwacht,

daß er, wenn er nachts erwacht, die Kugeln
knistern hört und ihn ein heimliches Grugeln
packt (dass ihn dann nachts ein heimlich Gruseln
packt) beim Spuk der packpapiernen Kugeln …

Seinen Schülern, denen er das Poem vorträgt, entlockt der Palmström noch nicht einmal ein leichtes Lächeln. Sie haben zwar auch
Affinitäten zu Papierkugeln, die sehen aber ganz anders aus. Seit
Generationen haben sie eine diebische Freude daran, Papier zu zer-
knüllen und ihre Mitschüler mit den Kugeln zu bewerfen. Diese
kindischen Kämpfe finden zwar meist statt, wenn der Lehrer nicht
anwesend ist, aber noch reizvoller ist das Ganze, wenn der Pädagoge
an der Tafel, mit dem Rücken zur Klasse steht. Erstaunlich ist nicht
nur, dass sich diese unterschwellig aggressive Kinderei bis in die
heutige Zeit gehalten hat. Erstaunlich ist auch, dass sich in Zeiten
der Gleichberechtigung nur selten Mädchen daran beteiligen. Muss
an der früheren Reife oder dem geringeren Aggressionspotenzial
liegen.

Der Lehrer zeigt zwar deutlich seinen Unmut und lässt die Schüler in der Pause den Raum sauber machen. Im Stillen aber freut er
sich, dass diese so coole Bagage ihre Kindlichkeit bewahrt hat.

Außerdem ist er froh, dass es eine Abart dieser unsinnigen Benutzung von Papier nicht mehr gibt. In seiner Junglehrerzeit wurden er und der Hausmeister von den »Blasrohren« genervt. Seine
Schüler brachten Strohhalme mit in die Schule. Ein Papierschnipsel
wurde im Mund weichgekaut, in den Strohhalm gesteckt und wie
mit dem Blasrohr der Urwaldindianer verschossen. Waffengleich-
heit war hergestellt, weil mit der Zeit fast alle in der Klasse »be-
waffnet« waren. Manchmal herrschte auch Waffenstillstand. Dann
war man sich darin einig, dem Hausmeister eins auszuwischen.
Alle Halme wurden gegen die Decke gerichtet. Die gut gepusteten
Klumpen hafteten an der Decke und waren nur mit großem Aufwand zu entfernen. Eines Täters wurde der Lehrer selten habhaft.

Weil er den Schülern die Augen öffnen will

Er kann sich ein Leben ohne Internet nicht mehr vorstellen. Er war sehr schnell Nutzer, als das WWW kommerzialisiert und damit der breiten Öffentlichkeit zugänglich wurde. Was er damals nicht wusste, war die Entstehungsgeschichte des Internets. Heute ist ihm bewusst, dass schon Anfang der 70er-Jahre des letzten Jahrhunderts das US-Verteidigungsministerium Versuche unternahm, die Rechner von Universitäten und Forschungsanstalten zu vernetzen. Ob das nur geschah, um während des Kalten Krieges Ressourcen auszuschöpfen, ist bis heute nicht geklärt. Dieses Wissen hält ihn aber nicht davon ab, sich munter im weltweiten Netz zu tummeln. Die E-Mail-Funktion möchte er genauso wenig missen wie Google. Aber Facebook kommt für ihn nicht infrage. Auch wenn er von Facebooknutzern umzingelt ist. Kein Wunder, denn schließlich nutzten schon 2014 mehr als die Hälfte der Onliner Facebook. Weltweit gab es 1,2 Milliarden Teilnehmer in dem riesigen sozialen Netzwerk. Damit war jeder sechste Erdenbürger bei Facebook eingetragen. Mark Zuckerberg freut sich. Das hat ihn schließlich zu einem der reichsten Menschen der Welt gemacht. Facebook ist zwar das größte, aber bei Weitem nicht das einzige soziale Netzwerk. Stayfriends, Xing, Twitter und Google+ werden auch eifrig genutzt. Damit sind fast 80 Prozent der Internetnutzer bei einem sozialen Netzwerk angemeldet.

Wann immer sich die Gelegenheit bietet, versucht der Pädagoge, mit den Schülern über das Thema Facebook ins Gespräch zu kommen. Er versucht dann immer, den erhobenen Zeigefinger zu vermeiden. Nicht immer gelingt ihm das. Sein Sendungsbewusstsein hindert ihn daran.

Seine Schüler sind renitent. Sie schütteln ob der Meinung des »Alten« den Kopf, lächeln manchmal süffisant und hören nicht auf, begeistert zu schildern, wie unterhaltsam das Netzwerk ist. Das Bedürfnis, einer breiten Öffentlichkeit privateste Erlebnisse mitteilen zu müssen, erschließt sich ihm nicht. »Das kriegt ihr nie wieder gelöscht!« beeindruckt sie genauso wenig wie ein Vorkommnis aus dem letzten Monat. Da hatte sich eine 13-jährige Mitschülerin unter Alkoholeinfluss dazu hinreißen lassen, den Pullover zu heben. Ein »Freund« nahm das mit seinem Handy auf und stellte die Aufnahme noch am selben Abend bei Facebook ins Netz. Über den angerichteten Schaden machte er sich keine Gedanken. Der Lehrer staunt über die Reaktionen seiner Schüler. Die reichen über ein »selber schuld« nicht hinaus. Von Betroffenheit keine Spur.

Er versucht es mit einem Bericht von einer Ausstellung in London: »Big Bang Data«. Dort hat ein Künstler sein Werk *Ich weiß, wo Ihre Katze ist* installiert. Fast in Echtzeit tauchen an einer Videowand Bilder von Katzen auf, die ihre Besitzer ins Netz gestellt haben. Die Besucher erfreuen sich an den niedlichen Bildern. Viele scheint es auch nicht zu stören, dass nebenher vermerkt wird, wo jedes Tier zu Hause ist. »Nun stellt euch einmal vor, in ein paar Jahren steht da nichts von Katzen, sondern alle können wissen, wo eure Kinder zu Hause sind.« Selbst diese Vorstellung erreicht seine Schüler nicht. Die packt kein Grausen ob der ungeheuren Datenmengen, die über uns gesammelt werden. George Orwells Roman *1984* zur Pflichtlektüre zu machen führt ihn auch nicht weiter.

Sein letzter Versuch. Er holt einen coolen Typen zur Diskussion in seine Klasse. Der zeichnet sich nicht nur durch sein Alter, sondern auch durch seine profunden Kenntnisse über das Internet aus.

Der jugendliche Fachmann weiß die Schüler zu erreichen. Sein Bericht zu dem von Edward Snowden aufgedeckten Abhörskandal lässt sie aufhorchen. Sie bekommen einen anderen Blickwinkel auf Instagram, Snapchat und WhatsApp. Sie fangen an zu begreifen, dass sie mit ihrer Teilnahme dafür sorgen, dass mit ihnen Billionen Euro verdient werden. Sie werden schlichtweg ausgenutzt.

Liza und Björn äußern erste Verunsicherungen über die von ihnen genutzten sozialen Netzwerke. Andere teilen ihre Skepsis. Ein Anfang ist gemacht.

96. GRUND

Weil über 70 Prozent der Lehrer Frauen sind

Wieso ist das so? 70 Prozent, das ist nun wirklich nicht ausgewogen. An den Grundschulen sieht es sogar so aus, dass nur 15 Prozent männliche Lehrer anzutreffen sind. Diese Entwicklung lässt sich nicht nur in Deutschland feststellen, sie ist europaweit zu beobachten. Im Gymnasium ändert sich das Bild. Da ist die Verteilung ungefähr ausgeglichen.

Welche Gründe kann das haben?

Zum einen kann es daran liegen, dass die Frau immer noch mehr für die Familie zuständig ist. Im Lehrerberuf lässt sich am ehesten Familie mit Beruf vereinbaren. Sehr häufig ist auch die Möglichkeit der Teilzeitarbeit attraktiv.

Männer ticken da wohl anders. Ihnen scheint es wenig interessant und lohnenswert zu sein, sich mit Kindern und Pubertierenden zu beschäftigen. Außerdem ist die Bezahlung häufig kein Anreiz für sie. Da kann man in der Industrie doch ein ordentliches Stück mehr verdienen.

Ist es nun nachteilig, dass so viele Lehrerinnen an deutschen Schulen unterrichten?

Der Ruf nach mehr männlichen Lehrern ist immer wieder zu hören. Die Jungen brauchen in der Erziehung den männlichen Anteil. Sie werden durch ihn ganz anders angesprochen und angeregt zu lernen und kommen dadurch am Ende zu besseren Leistungen. Ist das richtig?

Näher wird man wohl der Wahrheit kommen, wenn man konstatieren muss, dass Jungen einfach eher faul sind. Ihre Leistungsbereitschaft, sich anzustrengen, ist eindeutig schlechter als die der Mädchen. Wer Fleiß zeigt, wird oft von den Mitschülern ausgegrenzt. Fleiß gilt als uncool. Man wird als Streber verlacht. Mädchen dürfen fleißig und strebsam sein. Sie sind deshalb nicht uncool, im Gegenteil, dadurch verschaffen sie sich einen gewissen Respekt in der Klasse. Jungen fallen eher auf durch Schulverweigerung. Sie kommen zu spät oder gar nicht.

Die Frage bleibt – wird das ganze Dilemma auch noch durch die Lehrerinnen verstärkt? Sind Schüler eher bereit, einen männlichen Lehrer als Autorität anzuerkennen? In Einzelfällen kann das durchaus möglich sein.

Untersuchungen haben aber ergeben, dass es unerheblich ist, ob ein Schüler von einem Lehrer oder einer Lehrerin unterrichtet wird.

Entscheidend ist vielmehr, wie der Lehrer sich für seine Schüler verantwortlich fühlt.

Und je besser er sein Fach beherrscht, je besser er mit Stress zurechtkommt, berechenbar für den Schüler bleibt, umso besser ist es für ihn.

Also, es ist ziemlich egal, wie die Zusammensetzung eines Kollegiums ist.

Es kommt eben auf den Lehrer an – aber das ist ja eine Binsenweisheit.

Der Lehrer möchte sie aber hier noch einmal zum Ausdruck bringen, denn auch Binsenweisheiten können vergessen werden.

Für einen jungen Lehrer könnte es aber sein, dass es ihm nicht völlig egal ist, wie sich ein Kollegium zusammensetzt. Bei so einer Verteilung müsste es sich doch einrichten lassen, dass er die Partnerin fürs Leben finden kann.

Weil der Lehrer und die Schüler gerne spielen

Seit Urzeiten spielen Menschen. Warum ist das so? Weil der Mensch einen Spieltrieb besitzt, der etwa so stark ist wie der Ess- oder der Sexualtrieb.

Friedrich Schiller hat gesagt: »Der Mensch ist nur da ganz Mensch, wo er spielt.«

Kinder spielen, weil sie ein Verhalten einüben wollen, etwas lernen wollen, was ihnen im späteren Leben hilft. Sie spielen Verkäufer, Mutter, Vater, Koch oder backen in der Sandkiste Sandkuchen. Sie können sich in ihrer Fantasie überall hinbegeben, sind in ihrer Vorstellung am Strand und gleich danach im Pferdestall, wo das Lieblingspony gesattelt und gebürstet werden muss, sind Pippi Langstrumpf oder Indianer.

Warum spielen Erwachsene?

Man erlebt eine Herausforderung von Intellekt und Körper. Um das im optimalen Sinne tun zu können, muss man sich konzentrieren, denn man will ja im Wettkampf mit dem anderen bestehen. Das setzt Emotionen frei, man ist ganz dabei, vergisst Zeit, Raum und seine Sorgen, ärgert sich über einen Fehler, den man gemacht hat, oder freut sich, weil es einem geglückt ist, den Gegner zu besiegen. Der Partner beim Spiel muss nicht unbedingt eine Person sein. Der Gegner kann auch eine Maschine sein. Früher war es der Flipperautomat, wo man eine Silberkugel durch geschicktes Bedienen der Flipper im Spiel halten musste. Je besser einem das gelang, umso mehr Punkte erzielte man. Heute sind es Videospiele, die fast die ganze Welt in Atem halten.

Ein Spiel muss nach vorgegebenen Regeln ablaufen, um Spaß zu machen. Wer dagegen verstößt, wird bestraft. Beim Fußball bekommt man die Gelbe Karte oder wird vom Platz gestellt, was die Emotionen der Spieler und der Zuschauer hochfahren lässt. Am

Ende wird das Spiel gewonnen, verloren oder es geht unentschieden aus. Das Ziel des Spiels ist erreicht. Das Spiel zieht den Menschen aus der Wirklichkeit in eine Parallelwelt, aus der er aber nach einer gewissen Zeit wieder auftauchen sollte, sonst wird das Spiel zur Sucht.

So spielt der Lehrer mit der besten aller Ehefrauen leidenschaftlich gern »Skip-Bo«, ein Kartenspiel, bei dem es darauf ankommt, die Karten möglichst so geschickt in einer Reihenfolge abzulegen, bis man seinen eigenen Kartenstapel abgetragen hat. Der Reiz des Spiels liegt darin, dass man schnell viele Kombinationsmöglichkeiten erkennen muss und sich dadurch einen Vorteil verschafft, unterstützt durch Joker, die einem neue Kombinationen ermöglichen. Die Emotionen gehen hoch, besonders dann, wenn man eine Möglichkeit des Ablegens übersehen hat. Das Spiel wird als lustvoll erlebt und gibt Kraft, sich wieder der Realität zu stellen.

Weil das so ist, gehört das Spiel nicht nur in den Sportunterricht, sondern überhaupt in den Unterricht. Der Lehrer muss immer wieder daran denken, in seinem Unterricht Platz dafür einzurichten. Der erzieherische Anteil ist enorm. Man muss sich den Regeln des Spiels unterordnen, muss mit der Niederlage lernen umzugehen, ebenso mit dem Sieg.

Im Idealfall begreifen die Schüler dann am Ende, dass beide Erfahrungen, der Sieg und die Niederlage, zum Leben gehören wie die Nase im Gesicht.

Weil er so oft wie möglich außerschulische Lernorte aufsucht

Im ersten Lehrerbuch wurde über die sieben Todsünden im christlichen Sinne gesprochen. Ob man damit die Schüler erreicht, war die Frage. Wohl eher nicht.

Egal!

Egal, ob der Schüler im Moment etwas damit anfangen kann oder nicht. Vielleicht wird er sich viel später erinnern: »Da war doch mal was. Was war das noch mal?«

Deshalb ist es dem Lehrer auch wichtig, die sieben Todsünden, die Mahatma Gandhi für die heutige Gesellschaft aufgestellt hat, zu behandeln:

- *Reichtum ohne Arbeit.*
- *Genuss ohne Gewissen.*
- *Geschäft ohne Moral*
- *Wissenschaft ohne Menschlichkeit*
- *Religion ohne Opferbereitschaft*
- *Politik ohne Prinzipien*
- *Wissen ohne Charakter*

Die Welt hat genug für jedermanns Bedürfnisse, aber nicht für jedermanns Gier.

Armut ist die schlimmste Form von Gewalt. Du bist ein Nichts, ich gebe dir aber Arbeit. Ich nehme sie dir aber auch wieder weg, wenn es mir passt, wenn ich eine Ecke auf der Welt gefunden habe, wo ich noch günstiger Profit machen kann. Ein in Armut lebender Mensch wird nicht in der Lage sein, Nein zu sagen. Nimm also den Job an, oder es wird dir dein Hartz IV gestrichen. In anderen Ländern müssen sogar einige Menschen ihre Kinder verkaufen, um zu überleben. Annähernd zwei Milliarden Menschen hungern momentan auf der Welt und sind auf der Flucht. Da wundert es den Lehrer schon, dass täglich nur 10.000 Menschen nach Deutschland wollen.

Man muss an der Welt von morgen arbeiten, den gewaltfreien Weg suchen. Auch wenn man das Ziel nicht voll erreichen kann, so macht es doch Sinn, es zu versuchen. Man muss nur damit anfangen.

Um das verstehen zu können, geht der Lehrer deshalb, so oft es möglich ist, mit seinen Schülern raus aus der Schule. Zu anderen Lernorten. Es muss ja nicht der Freizeitpark sein, oder besser, es sollte nicht der Freizeitpark sein, in dem man nur Ablenkung, Konsum, Vergnügen und Spaß erlebt.

Dazu ist Schule nur im Ausnahmefall da. Schule muss mehr wollen. Erkenntnisse sollten angestoßen werden, im Idealfall erreicht werden.

Um die neuen sieben Todsünden anschaulich zu machen, bietet sich zum Beispiel der Besuch eines Feudalbaues an. Schlösser findet man überall verstreut in Deutschland, so auch in Ahrensburg bei Hamburg, das Ahrensburger Schloss, das ein Feudalherr in der vorrevolutionären Zeit hat bauen lassen. Bauen lassen von Menschen, die ihm gehörten. Sie mussten dienen. Wenn jemand nicht zur Arbeit kam, konnte der Gutsherr ihn ins Gefängnis werfen.

Ein Besitzer des Ahrensburger Schlosses war ein erfolgreicher Kaufmann, der für den dänischen König arbeitete und dafür sorgte, dass der durch ihn viel Geld in die Staatskasse bekam. Das machte er so – der Kaufmann lieferte mit den Schiffen des Königs Schnaps nach Afrika und kaufte davon Sklaven, die dann mit denselben Schiffen nach Amerika gebracht wurden und dort an die Südstaatenfarmer verkauft wurden. Die Sklaven mussten auf deren Zuckerrohrplantagen arbeiten. Das Zuckerrohr wurde mit den eben noch für den Sklaventransport benutzten Schiffen nach Flensburg verbracht und dort zu Rum verarbeitet. Ein sehr einträgliches Geschäft für den dänischen König und seinen tüchtigen Kaufmann aus Ahrensburg.

Von dieser Zeit zeugt das Schloss mit seinem Pomp. Und somit hat der Lehrer, obwohl der Lernort weit in die Vergangenheit zurückreicht, eine Todsünde der damaligen und der heutigen Zeit behandelt:

Geschäft ohne Moral.

»Wenn du mir nicht 20 Euro gibst, stell ich dein Nacktfoto ins Internet.«

Solche und ähnliche Äußerungen könnten den Schülern dazu einfallen.

So kann der vermeintlich öde Schlossbesuch zu unerwarteten Erkenntnissen führen.

Das ist allemal wichtiger als ein verlustierter Tag im Freizeitpark.

99. GRUND

Weil Unterrichtsthemen auch aus dem Umfeld der Schüler stammen müssen

Der Lehrer muss sich neben dem Unterricht auch darüber informieren, was die Schüler in ihrer Freizeit so treiben. Und so erfährt er von der ortsansässigen Currywurstbude am See, die ein beliebter Treffpunkt der Jugend ist. Natürlich muss er sich davon ein Bild machen.

Da bietet sich die Pause zwischen Unterrichtsschluss und Konferenzbeginn an, immerhin fast eine Stunde Zeit. Das wird zwar knapp, aber die Aussicht, dort um diese Zeit ein paar Schüler zu treffen, macht die Sache interessant. Sie können ruhig einmal sehen, dass der Lehrer auch nur ein Mensch ist, der mal was richtig Ungesundes essen will. Einen richtigen Heißhunger hat er darauf.

Schüler sind jedoch nicht anwesend.

»Einmal Cola, Currywurst mit Pommes, Majo und Ketchup, bitte«, sagt er. Die Zigaretten rauchende Bedienung nimmt wortlos mit heruntergezogenen Mundwinkeln die Bestellung entgegen. Sein Versuch, die Tür der Currywurstbude zu schließen, wird barsch verhindert.

»Stopp, stopp! Hier wird gearbeitet!«, ruft ein Mann, offensichtlich der Besitzer.

Sekunden später wird der Presslufthammer von ihm in Gang gesetzt. Die gesamte Bude fängt an zu vibrieren. Der Spielautomat an der Wand gibt Geräusche von sich. Dazu leuchtet er in allen Farben auf. Er verlangt nach Geld, denn es gibt die Supergewinnchance, die man nicht verstreichen lassen sollte.

Die Currywurst kommt mit Pommes, Majo, Ketchup und der Zigarette rauchenden Frau. Der Heißhunger vergeht schnell. Die Wurst ist lauwarm, die Pommes lasch und ungesalzen, die Cola abgestanden. Vor dem Lehrer sitzt ein dicker Mann, der auch Currywurst mit Pommes, Majo und Ketchup bestellt hat. Sein basedowscher Blick ist starr nach vorne gerichtet. Er rührt das Essen kaum an und zündet sich eine Zigarette an. Auch die raucht er nur an. Dann drückt er die Zigarette in seinem Essen aus. Er trinkt sein Flaschenbier aus, zahlt und geht.

Ein depressives Gefühl kommt beim Lehrer auf. Die Frage steht im Raum, was die Schüler dazu bewegt, hierher zu gehen.

Der Lehrer zahlt. Die Currywurstverkäuferin steckt sich die nächste Zigarette an.

Ihm kommt eine weitere Todsünde in den Kopf:

»*Gedankenloser Konsum ohne Kultur*«.

Auf dem Rückweg zur Schule wird ihm das nächste Unterrichtsthema klar.

you only live once!!

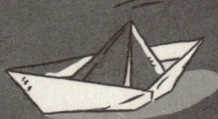

KAPITEL 9

DER LEHRER IST AUCH NUR EIN MENSCH

Weil er auch mal fantasieren darf

Seine Tageszeitung ist für ihn mal wieder ein Quell der Offenbarung. Wie fast jeden Tag beschäftigt sich ein Artikel mit den sozialen Netzwerken. Diesmal steht Twitter im Mittelpunkt. Seit Einführung des Selbstdarstellungsdienstes war die Länge einer Nachricht auf 140 Zeichen begrenzt. Nun glauben die Softwareentwickler, den Bedürfnissen der Nutzer nachkommen zu müssen. In Zukunft sollen sagenhafte 10.000 Zeichen möglich sein. Diese Information speichert der Lehrer zwar ab, könnte ja mal in einem Quiz gefragt werden, aber sein Interesse ist eher gering. Auch wenn er das Internet nicht mehr missen möchte, weigert er sich beharrlich, Twitter und Co zu nutzen. Die Gründe sind vielfältig.

Eine andere Information aber lässt ihn aufmerken. Die Zahl der monatlichen Nutzer liegt weltweit bei 340 Millionen. Der große Konkurrent, im Volksmund schon lange zu Fatzebuck verballhornt, bringt es auf über 1,5 Milliarden User. Wie bitte? Ja, fast jeder vierte Erdenbürger bedient sich des sozialen Netzwerkes Facebook.

Beim Sinnieren über die Frage, was diese Zahl bedeutet, schweift er ab zu Überlegungen, die sich mit den wie selbstverständlich benutzten Begriffen beschäftigen.

Wieso heißt das eigentlich Soziale Medien? Das mit dem Begriff »Medien« kann er ja noch nachvollziehen, denn solch eine Sammelbezeichnung für Kommunikationsmittel und -konzepte ist ihm zugegen. Wenn er auch mit einer gewissen Wehmut beobachtet, dass seine Schüler nie auf die Idee kämen, seine geliebte Tafel und die unabdingbare Kreide auch als Medien zu betrachten. Aber das adjektivisch genutzte »sozial« bringt ihn ins Grübeln. Betrachtet er den Begriff nur von seiner lateinischen Wurzel her, kann er damit noch leben, denn dann ist es schlicht ein Synonym für »gesellschaftlich«. Wenn er aber bedenkt, dass »sozial« im heutigen

Sprachgebrauch »gemeinnützig« und »hilfsbereit« bedeutet, muss er einfach das Schlagwort »Soziale Medien« infrage stellen. Was, bitte schön, haben denn Zeitungen, Fernsehen, Twitter und Co in dieser Rubrik zu suchen?

Obwohl er es liebt, den Dingen auf den Grund zu gehen, vertagt er die Beantwortung dieser Frage, weil ihn die unglaubliche Zahl der Facebook-Nutzer nicht loslässt. Auf die Zeitung starrend und die Gedanken fliegen lassend kommt ihm eine geniale Idee. Zumindest ordnet er das Produkt seiner Kreativität selber so ein.

Es ist Montag, als er seinem Genius freien Lauf lässt. Er widersteht der Versuchung, seiner Gattin die Idee zu unterbreiten. Das könnte in Frust enden. Er will sich davor schützen, dass er mit Schweigen abgestraft wird. Das könnte die Folge sein, wenn seine Neigung zur Fantasterei auf die Rationalität seiner Frau trifft. Also entschließt er sich, einen Tag zu warten. Dann ist Stammtischzeit. Dort werden selbst die blödsinnigsten Gedanken nicht mit Schweigen bestraft, sondern sie finden Gehör. Die daraus resultierende Diskussion ist, je nach Höhe des Weinkonsums, nicht immer zielführend. Der Initiator hat aber zumindest die Chance, auch mal einen Treffer zu landen. Dann darf er sich freuen, dass wenigstens eine kleine Öffentlichkeit seine Idee gustiert.

Dienstagabend. Stammtischzeit. Er hat seine Idee nicht vergessen. Er misst ihr viel Bedeutung bei.

»Habt ihr gestern Zeitung gelesen?«

Dieser rhetorisch gestellten Frage lässt er keine Zeit, im Raum zu stehen, sondern er kommt gleich zu seinem Anliegen.

»Da gab's einen Artikel über Twitter und Facebook. Wisst ihr, wie viele Menschen auf der Welt jeden Monat Fatzebuck nutzen?«

Man lässt sich auf die Frage ein. Die Schätzungen schwanken zwischen ein und zwei Millionen. Da kann er überraschen.

»Es sind, sage und schreibe, 1,55 Milliarden!«

Das von ihm erwartete Erstaunen nutzt er, seine »geniale« Idee kundzutun.

»Was wäre das für ein Potenzial für eine anders gedachte Schule? Man hätte auf einen Schlag eine Klasse mit über 1,5 Milliarden Schülern!«

Den Einwurf der babylonischen Sprachverwirrung lässt er nicht gelten. Das sei in Zeiten der immer besser werdenden Übersetzungsprogramme und der Sprachein- und -ausgabe ein lösbares Problem. Auch dem Zweifel, dass es auf YouTube schon lange »Unterricht« gäbe, kann er entgegentreten. Die Zahl der dort registrierten Schüler bewege sich im Vergleich zu der von ihm angestrebten Idee in einem marginalen Bereich.

»Aber wer soll unterrichten? Und was?«, fragt jemand kritisch.

»Natürlich bin ich nicht so naiv, das selber machen zu wollen. Da müsste eine weltweite Arbeitsgruppe eingerichtet werden, die sich auch mit den Inhalten auseinandersetzt. Das wäre doch mal 'ne sinnvolle Aufgabe für die UNO.«

»Und wann«, hakt ein anderer nach, »soll der Unterricht stattfinden?«

»Wie wann?«

»Na ja, nehmen wir mal an, dass du in Deutschland als einer dieser Hyperlehrer deine Lektion zu einer angenehmen Zeit, sagen wir mal 12.00 Uhr, abhältst, dann müssten sich die armen Kinder in Samoa um Mitternacht an den PC begeben.«

Sein dahingemurmeltes Argument von einer Aufzeichnung wird nicht ganz ernst genommen. Er hat auch nicht mehr Zeit, seine Idee zu verteidigen, denn Christos kommt mit dem abschließenden Metaxa.

Diedel äußert, wie so häufig, nach dem »Jammas« einen Kompromiss, mit dem er leben kann:

»Geile Idee, aber an der Umsetzung müssen wir noch arbeiten.«

Weil er gelernt hat, sich mit Halbbildung durch den Unterricht zu hangeln

Immer, wenn er in seiner Tageszeitung, seinem Wochenmagazin oder im Internet etwas Interessantes liest, hat er das Bedürfnis, diese Neuigkeiten mit anderen Menschen zu teilen. Schüler sind auch andere Menschen. Woher dieser Eifer rührt, weiß er nicht. Er muss ähnliche Gene haben wie Leute, die ständig Witze erzählen. Die aber scheinen zumindest ein unglaubliches Gedächtnis zu haben, weil ihr Fundus unerschöpflich scheint. Er hingegen muss seine »Entdeckungen« möglichst am selben Tag, spätestens nach 24 Stunden mitteilen, weil er ihrer sonst nicht mehr gewärtig wäre. Er hat auch kein schlechtes Gewissen, wenn er seine Klasse mit völlig fachfremden Informationen behelligt. Das ist seine Vorstellung von fächerübergreifendem Unterricht. Die Beweggründe sind ihm letztlich auch egal. Er hat eben diesen apostelhaften Drang in sich.

Deshalb kümmert es ihn auch nicht, wenn seine Informationen nicht weltbewegend sind. Sein Kriterium ist schlicht. Was er interessant findet, hält er für berichtenswert. Die Spanne reicht von völlig profanen Nachrichten bis zu sensationellen Entdeckungen:

Ein Rechtschreib-Guru klärt auf, dass es nicht »gewunken«, sondern »gewinkt« heißt. Hat der Lehrer immer verkehrt gemacht. Leuchtet ihm auch nicht ein. Schließlich heißt es ja auch nicht »gestinkt«.

Nirgendwo auf der Welt wird mehr getrunken als in Weißrussland. Es sind pro Jahr für jeden Einwohner satte 17,4 Liter. Bei uns in Deutschland fließen nur 11,8 Liter. Hatte er doch recht in seiner Meinung, nicht zu einem Volk von Alkoholikern zu gehören.

Die unbeständigsten Ehen gibt es in Russland und den USA. 60 von 100 Ehen werden geschieden. Da können die Amis nur froh sein, dass ihre Partnerprobleme nicht auf andere Weise gelöst werden. Schließlich kommen in dem Land mit der Freiheitsstatue auf 100 Einwohner 90 Waffen.

Bei der Anzahl der Fettleibigen müssen die Amis dahingegen ganz tapfer sein. Da schaffen sie es nur auf 30 Prozent. Aber es muss immerhin ein Trost für sie sein, dass sie damit zusammen mit Saudi-Arabien die Weltrangliste anführen.

Wenn man den Mond auf einer Landkarte abbilden würde und 10.000 Kilometer auf einen Millimeter reduziert würden, wäre er nur so groß wie ein Staubkorn. Na, das kann er zumindest formal richtig im Matheunterricht verwenden.

Ein Kilo Äpfel kostet auf, oder heißt es richtig in, Grönland so viel wie in Japan, nämlich über sechs Euro. Das mit Grönland versteht er ja noch, aber Japan? Gibt es da keine Apfelbäume?

Grönland ist auch bei den Kinopreisen ganz vorne. Eine Karte kostet immerhin fast 20 Euro. Da lohnt sich ein Trip nach Indien. Dort zahlt der Besucher unter vier Euro. Eigentlich kein Wunder, denn schließlich produziert Bollywood in einem Jahr 400 Filme mehr als Hollywood.

Die meisten bedrohten Säugetierarten gibt es in Mexiko und Indonesien. Aber in der Rangliste stehen wir in Mitteleuropa auch nicht schlecht da. Immerhin gehen die Wissenschaftler davon aus, dass in absehbarer Zeit bei uns neun Arten verschwinden.

Selbstverständlich wirft er seinen Schülern diese Informationen nicht nur nach dem Motto »Stirb oder friss« hin. Da vergehen im Austausch schon mal viele Minuten seiner kostbaren Unterrichtszeit. Schließlich hat er seine Ausbildungszeit hinter sich, und weder der Schulrat noch der Schulleiter sitzen in der letzten Reihe und begutachten ihn. Da kann er ganz ohne Sorgen seinen heimlichen Lehrzielen nachgehen. Es sei denn, die Schüler haben zu Hause geplappert. Dann wird bestimmt eine besorgte Helikoptermutter nachfragen: »Was hat denn, bitte schön, der Alkoholkonsum in Weißrussland mit der Differenzialrechnung zu tun?«

Weil er froh ist, dass eine große Gewerkschaft seine Interessen vertritt

Gewerkschaften sind eine fundamentale Errungenschaft. Davon ist er überzeugt. Wer sollte sonst die Interessen der Arbeitnehmer gegenüber seinen Lohngebern vertreten? Millionen von Einzelkämpfern wären den Begehrlichkeiten der Unternehmer oder des Staates ausgeliefert. Ohne organisierte Interessenvertretungen würden die abhängig Beschäftigten vielleicht von einem Mindestlohn von einem Euro für die Stunde und zwei Tagen Urlaub im Jahr träumen. Er als Beamter hat es besonders schwer, wird ihm doch das Druckmittel des Streikrechts versagt.

Er ist froh, dass die »Gewerkschaft Erziehung und Wissenschaft« seine Interessen vertritt. Trotzdem ist er vor Jahren ausgetreten. Nicht wegen der Mietgliedsbeiträge, sondern wegen der zweigleisigen Ausrichtung. Die GEW beschränkte sich nicht auf tarifliche Auseinandersetzungen. Sie mischte kräftig mit bei den Neuerungen der pädagogischen Ausrichtung des Landes. Das empfand er nicht als vornehmliche Aufgabe einer Gewerkschaft. Das wäre ja so, als würde die IG-Metall der deutschen Autoindustrie vorschreiben, wie die Produktpalette auszusehen hätte.

Aber jetzt ist er froh, dass »seine« Gewerkschaft ihre Kraft nicht in pädagogisch ideologischen Kämpfen verschleudert, sondern sich um ihre Schützlinge kümmert.

Sie macht in der Öffentlichkeit deutlich, wie sehr die Lehrer unter den Gegebenheiten zu leiden haben. Viel zu viele Lehrer gehen vor dem 60. Lebensjahr aus dem Schuldienst. Seele und Körper machen nicht mehr mit.

Natürlich haben die Lehrer immer geklagt. Natürlich haben sie schon immer zu wenig verdient, und die Klassen waren zu groß. Aber die jetzigen Zahlen sollten ein Alarmsignal sein. Denn die

Vermutung, dass wir es mit einer Pädagogengeneration von Drückebergern zu tun haben, trifft schlichtweg nicht zu. Keiner, der vorzeitig aus dem Dienst tritt, macht es sich leicht. Dazu sind in fast allen Fällen die Liebe zum Beruf und die finanziellen Verluste zu hoch. Das Gefühl des Ausgebranntseins ist zu stark. Helikoptereltern, eine veränderte Schülerschaft und das Irrsinnstempo der pädagogischen Innovationen lassen sich nicht mit Zeiten vor 45 Jahren vergleichen. Da waren noch Klassen mit mehr als 40 Schülern gut zu handeln.

Er ist auch froh, dass sich seine Gewerkschaft in so etwas Profanes wie Gehaltsverhandlungen einmischt. Es ist eben nicht egal, ob der Lehrer die Inflationsrate ausgleichen kann oder nicht. Immerhin müssen die Verluste vergangener Jahre ausgeglichen werden. Das gestrichene Urlaubs- und Weihnachtsgeld bedeuteten eine Gehaltssenkung von zehn Prozent.

Apropos Geld. Keiner hat genug davon. Auch der Lehrer nicht. Deswegen kommt bei ihm auch Neid auf, als er in seiner Tageszeitung in der Überschrift liest: »In Venezuela kostet ein Liter Sprit nur 2 Cent«. Aber als er weiterliest, wird er ganz demütig. Eine Kinokarte kostet 60 Euro, ein Topf weißer Farbe 900 Euro. Mit diesem Wissen wüsste er schon, wie er seinen Urlaub in Venezuela zu planen hätte: Viel, viel mit dem Auto fahren, kein Kino besuchen und die 30 Kilo Freigepäck mit möglichst vielen Töpfen weißer Farbe vom Baumarkt füllen.

103. GRUND

Weil YOLO auch für die Schule gilt

Erst vor Kurzem ist ihm der Ausdruck das erste Mal bewusst begegnet. Er konnte damit überhaupt nichts anfangen. Yolo. Noch nicht mal im Kontext konnte er sich dessen Bedeutung zusammenreimen. Wikipedia musste herhalten. »Yolo« war das Jugendwort des Jahres 2012 und ist schlicht eine Abkürzung: You only live once. Das kommt wohl bei den Heranwachsenden viel besser an als in hausbackenem Deutsch: Man lebt nur einmal. So ein anglophiles Kunstwort macht es den Heranwachsenden wohl einfacher, sich diese philosophisch angehauchte Lebensmaxime zu eigen zu machen. Und das in allen Lebensbereichen.

Heute Morgen kam Joachim mal wieder zu spät zum Unterricht. Er betrat den Klassenraum ohne großen Auftritt und schlurfte ohne ein Wort zu seinem Platz. Mein »Hallo!?« veranlasste ihn dann doch zu einer Äußerung, denn ihm war schon bewusst, dass der Lehrer zumindest eine Erklärung und Entschuldigung von ihm erwartete. Er meinte, dem mit einem schlichten Zweisilber gerecht zu werden: »Yolo«. Dem gewieften Pädagogen war nicht nach einer Konfrontation. Das würde ohnehin nur zur Eskalation führen. Außerdem wollte er verhindern, dass ihn ein Schüler mit einem uralten Trick verführen konnte: mal was Provokantes in den Raum werfen. Der Pauker wird schon anbeißen und das Streitgespräch aufnehmen. Immer noch besser, sich zu reiben, als 45 Minuten Mathe über sich ergehen zu lassen.

Am nächsten Tag sucht der Lehrer während seiner Pausenaufsicht das Gespräch mit Joachim. Der ist sich keiner Schuld bewusst.

»Ich hab doch alles erklärt. Oder wär es Ihnen lieber gewesen, wenn ich mir irgendwas Beknacktes ausgedacht hätte?«

»Na ja«, er ist froh, dass er wenigstens weiß, was »Yolo« bedeutet, »mit der Devise kann man natürlich alles erschlagen. Was meinst du wohl, was passiert, wenn du in der Lehre bist, dich verspätest und deinem Ausbilder nur ein lockeres ›Yolo‹ hinwirfst?«

»Aber man lebt doch wirklich nur einmal.«

»Ja, und deswegen hat man manche Chancen nur einmal. Oder wenn du erfährst, dass deine heiß geliebte Chantal dich betrügt, du sie zur Rede stellst und sie sagt nur ›Yolo‹, ist das für dich in Ordnung?«

Der Pausengong lässt ihm keine Chance, seine Erziehungsversuche fortzusetzen, aber er kommt ins Nachdenken.

Aberwitzig wäre der Gedanke, dass er wie sein Schüler eine Konferenz einfach sausen lässt, weil er Besseres vorhat, und dem Schulleiter am nächsten Tag auf seine Nachfrage ein lapidares »Yolo« entgegnet. Er kann aber »Man lebt nur einmal« auch ganz anders betrachten. Das gilt natürlich für alle Dinge, die man versäumt oder unterlässt. Zum Beispiel auch, wenn er wieder mal vor der Entscheidung steht, einen noch größeren Fernseher zu kaufen. Der jetzige hat zwar einen viel größeren Bildschirm als das alte Röhrengerät, aber 60 Zoll und eine unglaubliche Auflösung wären schon reizvoll. Wenn er auf sein Konto schaut, könnte er glatt »Yolo« denken. Er könnte aber auch innehalten und sich hinterfragen, ob das seine Lebensqualität wirklich steigern würde.

»Yolo« kann er auch fabelhaft auf seinen Beruf übertragen. Er bräuchte sich nicht so gut vorzubereiten. Das würde Freizeit schaffen. Er bräuchte sich nicht so sehr im Unterricht zu engagieren. Das würde Nerven sparen. Er müsste sich nicht so intensiv mit den Kollegen in pädagogischen Fragen auseinandersetzen. Das würde ihn beliebter machen. All das könnte er tun und sich ständig »Yolo« denken.

Aber er lebt nur einmal. Und nur im Hier und Jetzt kann er seine pädagogische Hingabe leben. Er wird sich in den Zeiten seiner Pension fragen müssen, was er alles versäumt, ohne Engagement und mit zu wenig Einsatz getan hat. Nix mit Yolo!

Weil er aufgrund seines Unterrichts ins Grübeln kommt

Am Morgen stellt er sich unter die Dusche. Er darf auf keinen Fall nach Schweiß riechen, auch Haare waschen, man muss ja was tun für das Äußere. Schüler jeden Alters nehmen einen täglich sehr bewusst wahr. Da wird einem schon mal zur Begrüßung an den Kopf geworfen:

»Hatte Ihre Frau heute keine Zeit, Ihnen die Socken hinzulegen?«

Der Blick senkt sich und entdeckt einen schwarzen und einen grauen Socken.

Oder:

»Schneit es?«

Oh Mann, Schuppen sind auf dem Jackett.

Oder:

»Waren Sie gestern Abend besoffen?«

»Was soll die Frechheit?«

» Ihr T-Shirt hat die Nähte außen.«

Auf der Shampooflasche steht: »Vermeiden Sie Augenkontakt. Sollte das Produkt trotzdem in die Augen kommen, gründlich mit Wasser ausspülen.«

Durch den eigenen Unterricht zum Thema »Umweltgifte« sensibilisiert, kommt der Lehrer auf die Idee, seine eigenen Gebrauchsgegenstände endlich einmal unter die Lupe zu nehmen.

Mal sehen, was alles in dem Haarshampoo »for MEN« *gegen Schuppen* enthalten ist:

Aqua, Sodium Lauryl Sulfate, Sodium Laureth Sulfate, Glycol Distearate, Sodium Cloride, Sodium Xylenesulfonate, Cocamidopropyl Betaine, Parfum, Dimethicone, Sodium Benzoate, Guar Hydroxypropyltrimonium Chloride, Hydrocloric Acid, Limonene, Linalool, Magnesium Carbonate Hydroxide, Magnesium Nitrate,

Sodium Polynaphthalenesulfonate, Metylchloroisothiazolinone, Magnesium Chloride, Methylisothiazolinone, Zinkpyrithion.

Aha.

Was ist denn zum Beispiel Zinkpyrithion?

Soll das gegen Schuppen helfen?

Mal nachforschen.

Und siehe da, es ist toxisch, hilft gegen Schuppen. In höherer Dosis ist es hochgiftig und daher umstritten. Man kann davon Kopfhautjucken, Entzündungen und Ausschlag bekommen.

Meine Güte, was macht der Lehrer denn nun? Er darf doch nicht solche Produkte durch seinen Kauf unterstützen. Das wird er seinen Schülern nicht erzählen. Andererseits, was macht er, wenn er wieder Schuppen hat? Er steckt in einem Dilemma.

Kann man sich auch mit Kernseife die Haare waschen? Und hilft das gegen Schuppen?

Bülent Ceylan, den Komiker mit den langen schwarzen Haaren, fragen? Was mag er benutzen? Der sieht jedenfalls immer sehr gepflegt aus, oder steckt da auch Zinkpyrithion dahinter?

Der Lehrer ist mal wieder ratlos. Er hatte immer gedacht, dass er sich nicht vereinnahmen lassen würde von der Konsumindustrie, dass er autark in seinen Entscheidungen ist. Und jetzt das. Kein guter Einstieg in den Tag.

105. GRUND

Weil er in der Deutschen Bahn zum Nachdenken über die Menschheit kommt

Wie bereits erwähnt, hat der Mensch Triebe. So auch einen Aggressionstrieb. Diesen versucht die Gesellschaft seit Jahrhunderten den Menschen abzugewöhnen. Wo kommt man denn hin, wenn man aus nichtigem Anlass dem anderen den Kopf einschlägt. So muss nicht nur der Mensch, sondern auch der Schüler die Gesetze der Gesellschaft erlernen und nach ihnen leben. Tut er das nicht, steht Ärger ins Haus, und er wird schnell aus seinem gesellschaftlichen Umfeld aussortiert, bestraft und im Extremfall weggesperrt. Wer will das schon. Das heißt aber nicht, dass die Aggressionen beim Menschen heute nicht mehr vorhanden sind. Nur eine dünne Schicht Zivilisationsfarbe übertüncht die Urinstinkte, die plötzlich wieder ausbrechen können wie ein lange ruhender Vulkan, der ohne Vorwarnung ausbricht.

Um das zu verhindern, sucht der Mensch sich Vorbilder, um sich aufzubauen. Die findet er meistens unter berühmten Sportlern, Politikern, Künstlern, Schlager- oder Filmstars. Manchmal darf das auch eine ganze Mannschaft sein, mit der er sich identifiziert, so der HSV, Bayern oder Dortmund. Er wird Fan von irgendwas. Und wenn es keine Fußballmannschaft ist, für die er schwärmt, dann können es auch die »Grizzlys«, die »Wild Things«, die »Panthers«, die »Haie« oder die »Freezers« sein. Namen für Mannschaften, die in der Deutschen Eishockey Liga spielen. Namen, die für Wildheit und Angriffslust stehen und deshalb Erfolg im täglichen Lebenskampf versprechen. Da der Durchschnittsmensch in seinem Leben meistens nicht sehr erfolgreich ist, muss er sich seine Erfolgserlebnisse bei seinen Idolen holen. Siegt also der HSV, der Lehrer gibt zu, dass das in letzter Zeit eher selten der Fall war, kann er sich darüber freuen. Der Mensch will deshalb seinen Idolen nah sein. So reist der Fan seinem Idol oder seinen Idolen nach. Wenn die »Freezers« in Augsburg spielen, muss der Fan dabei sein. Wie kommt er günstig dorthin? Am besten mit der Deutschen Bahn.

Wenn es dann zufällig zur Begegnung zwischen dem Lehrer und den Freezers-Fans kommt, muss das nicht unbedingt erfreulich sein, zumal die Fans auf dem Rückweg nach einem verlorenen Spiel gegen die Augsburger Panther sind. Die Freezers-Fans, im Alter seiner Schüler, durch Alkohol und Frust enthemmt, zerlegen ein Abteil, dazu wird die Notbremse gezogen. Nach der Reparatur passiert das Gleiche noch einmal. Das führt dazu, dass der Zugführer eine Durchsage macht, bei weiteren Vorkommnissen würde er den Zug räumen lassen. Die Wirkung verpufft, denn daraus erfolgt keine Konsequenz, ein pädagogisches Desaster. Wenn man schon etwas androht, muss auch die Umsetzung der Androhung erfolgen.

Daraufhin wird ein drittes Mal die Notbremse gezogen.

Der Lehrer denkt: Ist die Gesellschaft denn noch zu retten?

Und er gibt sich selbst die Antwort: Na klar! Wozu ist man denn Lehrer? Wäre ja noch schöner!

Denn er weiß ja, wer so was macht, ist ein zutiefst einsamer, verunsicherter, frustrierter Mensch, der nur in der Gruppe stark ist und sich auf diese Art seine Dumpfheit abarbeiten muss.

Eigentlich müssten diese armen Würmer doch alle noch einmal in seine Klasse kommen, damit der Lehrer aus ihnen starke, selbstbewusste, gelassene, humorvolle, weise Menschen machen kann.

106. GRUND

Weil er seine Erfahrungen mit der Schule niederschreiben kann

Lehrer werden in ihrem Berufsleben bestimmt mal auf die Idee kommen, die gemachten Erfahrungen aufzuschreiben. Den Gedanken sollte man nicht so schnell verwerfen, denn das, was man in der Schule erlebt, ist zwar überall ähnlich, aber eben doch anders. Damit man nicht alles vergisst, hilft ein Tagebuch, das man aber auch jeden Tag führen sollte, sonst reißt der Faden ab. Das Hirn ist nun mal träge und faul. Erlebnisse, von denen man glaubt, dass man sie nie vergisst, verblassen und sind dann irgendwann für immer vergessen.

Wenn man sich nun der Disziplin des Tagebuchführens über Jahre unterworfen hat, was macht man dann damit?

Zunächst einmal liegen lassen. Nach einiger Zeit lesen und sich kritisch mit den Texten auseinandersetzen. Vielleicht kommt einem dann eine Idee, was man daraus machen könnte. Viele, die schreiben, suchen einen Weg in die Öffentlichkeit. Da bieten sich pädagogische Zeitschriften oder die Tagespresse an. Oder man macht aus seinen Erfahrungen ein Buch. Ideal wäre es, wenn man dafür einen Verlag finden könnte. Nein, keinen, der einem die Produktionskosten auch noch auf die Nase drückt und sich dafür nicht um den Vertrieb kümmert, sodass man auf seinen Büchern sitzen bleibt. Es sollte schon ein seriöser Verlag sein, der einem Geld für seine Arbeit zahlt.

In Deutschland gibt es insgesamt 750.000 Lehrer. Dazu kommen die Pensionäre und die Pädagogikstudenten. Fast allen ist zu eigen, dass sie gerne lesen. Wenn dann von den Lehrern ein Prozent das Buch kauften, das wäre doch was.

Zu diesem Buch, was Sie gerade in der Hand halten, gibt es einen Vorgänger, der bei Schwarzkopf & Schwarzkopf unter dem Titel *111 Gründe, Lehrer zu sein* erschienen ist.

Das war und ist immer noch ein Erfolg. Der Lehrer wird im Radio interviewt, und die Zeitungen berichten über ihn. Er macht Lesungen, und es kommen sogar Leute, die er nicht kennt. Offensichtlich macht er seine Sache gut, denn fast alle amüsieren sich köstlich.

»Sie hätt ich früher auch gern als Lehrer gehabt.«

Er fühlt sich bedeutend. So was will er wiederholen. Auch im Internet bekommt er Rückmeldungen:

»Es tut einfach gut, so viel Positives über die eigene Tätigkeit zu lesen.

Der Leser verzeiht ihm locker, wenn er Gründe erfindet. So lautet der 109. Grund: Weil er findet, dass man mit Schülern über die sieben Todsünden sprechen muss. Das ist natürlich Habakuk, aber dafür der gehobenen Sorte. Denn die Geschichte eines Religionslehrers, der seinem jungen Publikum die komplexe Problematik des Sündigens näherbringen muss, ist schlichtweg große Unterhaltung.«

Das ist doch wunderbar. Bleibt nur noch die Frage offen, was denn »Habakuk« ist.

Auch sehr nett:

»Ich fand einige Stellen so lustig, dass ich laut lachen musste.«

Oder:

»Das Buch ist unglaublich unterhaltsam und lässt sich sehr gut lesen.«

Das liest man doch gern, anderes wiederum nicht so gern:

»… konnte nicht so recht mitlachen.«

»Gekauft für Lehrerin, gelesen … na ja …aber sonst nix Aufregendes.«

Sehr interessant auch der Kommentar eines Diplom-Pädagogen. Der Lehrer kann grundsätzlich von Pädagogik keine Ahnung haben. Das ist nur mit einem Diplom möglich.

Damit muss er leben können, wenn er sich in die Öffentlichkeit drängelt.

107. GRUND

Weil man sich Anregungen für seine Wohnung holen kann

Jeder Klassenlehrer sollte bei jedem seiner Zöglinge zumindest einmal einen Hausbesuch machen, auch wenn das Überwindung und Zeit kostet. Die Belohnung kann in Offenbarungen der besonderen Art liegen. Manchmal kommt der Lehrer auch einfach nicht daran vorbei. Meistens geht es dann um Defizite oder Verhaltensauffälligkeiten des Schülers. Ob der Besuch eine Verhaltensänderung nach sich zieht, bleibt fraglich, aber einen Versuch ist es wert. Oder viel-

leicht treibt es ihn ja auch zu den Eltern seiner Schützlinge, weil er sich von allem ein Bild machen will.

Wie lebt die Familie?

Welche Atmosphäre ist im Haus?

Gibt es Dinge, die man wissen muss?

Wie ist der Schüler privat?

Wie haben sich die Eltern seiner Schüler eingerichtet?

Bekommt er Anregungen für seine Wohnung?

Herrscht IKEA vor oder sind die Möbel eher aus einem Einrichtungshaus aus der nächsten Kreisstadt?

Was für Bilder hängen an der Wand?

Ist es ein Großfoto von der Brooklyn-Bridge in New York, ein Bild, das inzwischen in jedem dritten Haushalt hängt und durch die riesige Auflage völlig vernutzt worden ist? Oder hängt tatsächlich noch das Erbstück von Großvater und Großmutter, der in Öl gemalte röhrende Hirsch, an der Wand? Manchmal kann scheint es, dass das Bild an der Wand ein Original sein könnte. Da zieht der Lehrer, bewusst oder unbewusst, gerechtfertigt oder nicht, seine Schlüsse. Das müssen ja nun besondere Leute sein. Da ist das Kind doch bestimmt gut aufgehoben. Die Kunst ist hier zu Hause. Wie schön! Oder er denkt: Meine Güte, ein Kind in so einem Umfeld hat es aber auch nicht leicht.

Der Lehrer hat sich natürlich angekündigt und sollte Rücksicht darauf nehmen, dass sein Besuch für Aufregung im Elternhaus sorgt. Sind beide Elternteile anwesend, kann er sich schon mal auf Konfrontation einstellen. Hoffentlich hat er sich vorher Gedanken gemacht, was er alles Positives zum Schüler sagen kann. Damit muss das Gespräch unbedingt beginnen, so lange, bis sich die Gesichtszüge der Eltern entspannen. Ist nur die Mutter im Haus, ist sie meist verunsichert oder nassforsch selbstbewusst. In diesem Fall sollte der Lehrer diplomatisch sein. »Oh, das ist ja gemütlich bei Ihnen. Nett, dass Sie Zeit für mich gefunden haben. Es ist auch nichts Dramatisches.«

Zur Vorbereitung eines Hausbesuches gehört auch die angemessene Sockenwahl. Sollte die Gastgeberin auf Strümpfen oder in Hauspuschen öffnen, macht es sich gut nachzufragen, ob man die Schuhe ausziehen solle.

Oft läuft der Fernseher im Wohnzimmer, und mehrere Geschwister hocken davor und schauen gebannt auf irgendwelche prügelnden Figuren. Für den Lehrer interessant zu sehen, wie die Mutter auf die Situation reagiert.

Meistens wird bei solchen Besuchen Kaffee gereicht, mit etwas Glück frische Kekse. Na ja, man ist nicht hier, um die Gastlichkeit zu testen. In der Zeit, wo die Mutter des Schülers in der Küche den Kaffee macht, mal schnell den Bücherschrank überprüfen. Was herrscht denn so vor?

Konsalik oder Grass, Bibel und Goethe mit Goldkante, Buchclubausgaben oder Taschenbücher, philosophische Erörterungen von Kant bis Wittgenstein? Gibt es überhaupt Bücher?

Und die Beleuchtung des Raumes?

Kronleuchter aus Muranoglas oder zweckorientierte Spotlights?

Auch die Gardinen vor den Fenstern ansehen und vor allen Dingen die Tapeten. Blümchenmuster, Raufaser Erfurt oder Stofftapeten?

Und was für ein Teppich liegt aus?

Ein klassischer Perser mit Fransen, die auch noch gekämmt sind?

Berberteppich oder Auslegware?

Oder völliger Verzicht darauf, weil ein Terracotta- oder Laminatboden die Ästhetik des Raumes bestimmen soll.

Auf der Gästetoilette hängt das Gästehandtuch an einem großen Ast, der an Strandgut von der Nordsee erinnert.

Und so baut sich der Lehrer sein Mosaikbild von dem Elternhaus seines Schülers zurecht.

Als die Mutter mit dem frisch aufgebrühten Kaffee wieder in das Zimmer kommt, hat er eigentlich keine Fragen mehr, denn er weiß ja schon alles, was er wissen will.

Wenn er sich da mal nicht irrt.

Aber eins weiß er sicher. Beim nächsten Nordseespaziergang wird er nach großen Ästen Ausschau halten.

Weil man als introvertierter Lehrer für die Schule von Vorteil sein kann

Ein introvertierter Lehrer ist dem extravertierten Lehrer nur vordergründig unterlegen.

Ein introvertierter Lehrer zweifelt an sich, stellt sich infrage oder sogar die Frage, ob er vielleicht nicht der Richtige für diesen Beruf ist. Er ist bei Lehrerkonferenzen nicht der Typ, der eloquent über die Schule und deren Problematik reden kann. Er weiß auch nicht, wie man diese Probleme löst. Er meldet sich nicht zu Wort, denn das können andere besser. Er schreibt das Protokoll, übernimmt gern die Freud- und Leidkasse des Kollegiums oder arbeitet am liebsten in Kleingruppen. Die Ergebnisvorstellung der Arbeitsgruppe im Plenum überlässt er aber wieder dem Extrovertierten.

Er weiß auch oft nicht im Unterricht den Lärmpegel der Klasse einzudämmen. Er schützt sich damit, dass er außerhalb der Schule sich mit Ruhe und Stille umgibt, kein Radio und kein Fernsehen. Seine Hobbys sind entsprechend: Er schreibt Geschichten, Glossen, malt, liest oder fotografiert. Er sucht das Gespräch bei einem Kaffee oder einem Glas Wein in einer entspannten Umgebung. Das gibt ihm Kraft, für die Herausforderung am nächsten Tag wieder gewappnet zu sein.

Er verabscheut es, über die Köpfe der Schüler hinwegzureden. Deshalb sucht er das Gespräch mit dem Einzelnen, um seinen Einfluss auf die Schüler durchzusetzen.

Er ist der Meinung, dass es guttut, in einer Welt, die dominiert ist von marktschreierischer Lautheit, für die Schüler eine Insel der Ruhe zu schaffen.

Nein, ein introvertierter Lehrer ist kein besserer Lehrer, er hat nur einen anderen Weg, aber gerade deshalb ist er für eine Schule so hilfreich, denn er versteht die zurückgezogenen unsicheren Schüler und kann sie besser fördern, ihr noch nicht ausgebildetes Selbstbewusstsein stärken, um in der chaotischen Welt der Schule und des Lebens zurechtzukommen.

Einem »Lauthals« kann er durch seine zurückgenommene Art dessen Fehlverhalten aufzeigen, denn Autorität baut sich nicht kraft Amtes auf. Diese Zeiten sind vorbei. Das muss man sich erarbeiten durch Wissensvorsprung auf vielen Gebieten, durch größere Lebenserfahrung und die Fähigkeit, den Schüler in seiner Unreife zu verstehen und anzunehmen. Zynismus oder Gleichgültigkeit dem Schüler gegenüber sind dagegen Gift. Schüler spüren so etwas, haben dafür ganz sensible Nerven.

109. GRUND

Weil man als extrovertierter Lehrer für die Schule von Vorteil sein kann

Ein extrovertierter Lehrer ist allen Dingen gegenüber aufgeschlossen. Er fühlt sich in Gesellschaft wohl, ist meistens der Stimmungsmacher und der, der auch auf Konferenzen schnell Lösungen anzubieten hat. Er ist kein Zweifler, kein Grübler, der sich nicht durch Langweiler oder Bedenkenträger seine Lebensfreude vermiesen lässt. Bei den Konferenzen führt er durchsetzungsfähig das Wort, weil sonst wahrscheinlich mal wieder seiner Meinung nach alles in einer tiefen Ödnis der Bedenkenträger ablaufen würde. Er kann

Stille nicht aushalten. Er denkt, wer redet hat recht. Er liebt die Provokation, um den Introvertierten den nötigen Blutdruck zu vermitteln, dass der in Gang kommt, sich auch mal zu äußern. Da sollen sie doch endlich mal kommen, die Stillen, die vermeintlich »Nichts-zu-sagen-Habenden«. So, was ist jetzt, kann sich mal einer äußern?

Beim Streiten fühlt er sich wohl und freut sich, wenn ihm mal wieder ein argumentativer Sieg gelungen ist. Geduld ist eher nicht sein Feld, warum auch, die Welt will Lösungen haben. Wo ein introvertierter Lehrer Elternabende hasst, weil es für ihn sinnlos erscheint und viel zu viel Stress macht, weil er verantwortlich ist für den Ablauf des Abends und weil er nicht weiß, wie die Eltern reagieren, ihm vielleicht Vorwürfe machen könnten, hat der Extrovertierte seinen Auftritt, den er liebt. Hier bügelt er alle ab. Und die Eltern gehen mit dem Gefühl nach Hause, gut unterhalten worden zu sein, aber sonst? Auch bereitet es ihm keine schlaflosen Nächte, wenn sich ein Besuch der unteren oder oberen Aufsichtsbehörde in der nächsten Woche ansagt, und es bereitet ihm auch kein Problem, wenn man in seinem Unterricht einmal hospitieren möchte. Gern doch, solche Leute können doch nur von ihm lernen.

Ansonsten ist seine Einstellung: Erst mal anfangen, Probleme stellen sich noch früh genug. Wenn die Welt nur Bedenkenträger hätte, wäre der Kölner Dom oder die Elbphilharmonie nie gebaut worden. Okay, beim Berliner Großflughafen wäre es doch ganz gut gewesen, wenn in der Planung einige Introvertierte dabei gewesen wären.

Der Psychologe Carl Gustav Jung hat einmal sinngemäß gesagt: Niemand ist nur das eine oder das andere – wenn es so wäre, säße man wohl in der Nervenheilanstalt.

Also, was nun? Hat man nur Nervenkranke im Kollegium? Nein, glücklicherweise nicht. Es gibt ja noch die Spezies, die von beiden Seiten etwas haben.

Weil man als ambivertierter Lehrer für die Schule von Vorteil sein kann

Der ambivertierte Lehrer steht zwischen den beiden eben genannten Typen. Er neigt nicht zu extremen Positionen. Er kann längere Zeit für sich arbeiten, ohne dass er sich mit seinem Umfeld austauschen muss, denn das kann ihn nerven. Das könnten Konferenzen, Elternabende, Elternbesuche oder sonstige dienstliche Veranstaltungen sein, die von ihm über längere Zeit Aufmerksamkeit einfordern, aber ihm das Gefühl vermitteln, dass es wenig oder gar nichts bringt.

Der ambivertierte Lehrer ist eher ausgeglichen und besonnen. Er fühlt sich wohl in Gesellschaft, kann aber auch gut für sich sein.

Bei anstehenden Konferenzentscheidungen bringt er sich ein. Es gelingt ihm, das Für und Wider emotionslos gegeneinander abzuwägen und aus seiner Sicht zu beurteilen. Er freut sich, wenn neue Gedanken eingebracht werden, die er bis jetzt noch nicht bedacht hat. In der Diskussion vertritt er seine Meinung. Er kann bei getroffenen Entscheidungen des Kollegiums, die nicht mit seinen Vorstellungen übereinstimmen, mit Kompromissen leben und trägt auch Beschlüsse mit, die nicht in seinem Sinne sind.

Fremden Dingen und Menschen gegenüber ist er anfänglich eher zurückhaltend, bis er dann Vertrauen finden kann.

Er geht gern aus: ins Kino, ins Theater oder auf Partys. Es kann dann aber sein, wenn ihn etwas langweilt, dass er auch schnell die Nase voll hat und nur noch nach Hause will. So erlaubt er sich, das Kino vorzeitig oder das Theater in der Pause zu verlassen, wenn es ihn langweilt. Dafür ist ihm seine Zeit viel zu kostbar. Da guckt er sich lieber im Spätprogramm zum x-ten Male *Der Stadtneurotiker* von Woody Allen an oder liest Gedichte von Robert Gernhardt oder Erich Kästner.

Wenn jemand laut ist, wird er still. Wenn es still wird, ergreift er das Wort.

Er nimmt die Probleme der Schüler ernst, hält aber so viel Abstand zu ihnen, dass er sie nicht zu seinen eigenen macht.

Er mag Aufmerksamkeit, aber er möchte auch keine Person sein, die im Mittelpunkt stehen muss. Das wäre ihm viel zu anstrengend.

Außerdem weiß er, dass der Schüler im Mittelpunkt aller Bestrebungen steht.

Er kann das Wochenende genießen, in der Zeit könnte es ihm Spaß machen, spontan nach Amsterdam zu fahren, aber es kann ihm auch durchaus gefallen, das ganze Wochenende auf dem Sofa zu liegen und nichts zu tun.

Was gibt es Besseres. Solche Lehrer braucht das Land.

Übrigens – die beiden vorher genannten Lehrertypen ebenso.

111. GRUND

Weil er einen langen Atem haben darf

Ob seine Bemühungen bei den Schülern gefruchtet haben, lässt sich erst erkennen, wenn viele Jahre ins Land gegangen sind.

Es ist schon dunkel, aber der Mülleimer muss noch nach vorne an die Straße. Der Lehrer ist im banalen Tun der gedankenlosen Abwicklungen, wird aber plötzlich durch ein Fahrzeug aufgeschreckt, das nahezu lautlos neben ihm zum Halten kommt. Ein Wagen, der an einen alten Messerschmitt aus den 50er-Jahren erinnert. Der Leser weiß schon, der, aus dem man nur aussteigen kann, wenn man das Kabinendach und das Steuerrad zur Seite klappt. Das passiert nun auch mit diesem Wagen, aus dem ein Mann herausschaut und fragt: »Na, kennen Sie mich noch?«

»Nee, nicht direkt. Ich muss nur mal schnell den Müll wegbringen. Bin sofort wieder da.«

Auf dem Weg mit dem Mülleimer zur Straße denkt er nach. »Meine Güte, wer zum Teufel ist das denn nun wieder?«

Als er zurückkommt, ist der Mann aus seinem Wagen ausgestiegen und hält ihm grinsend eine in Geschenkpapier eingepackte Weinflasche entgegen.

»Schönen Dank, kommen Sie doch rein. Ich stehe leider immer noch auf dem Schlauch. Ich kann Sie im Moment nicht unterbringen.«

»Na, dann will ich Sie mal aus Ihrer Unwissenheit entlassen. Ich heiße Fröhlich. Heinz Fröhlich.«

»Oh, das sagt mir leider auch nichts.«

»Ich wollte mich nur bei Ihnen bedanken. Sie haben meinen Sohn vor 15 Jahren in Ihrer Klasse gehabt. Ich war damals ganz verzweifelt, weil ich enttäuscht war von meinem Sohn. Nichts hat er damals gebacken gekriegt.

Das haben Sie damals ganz anders gesehen und mich insofern beruhigt, dass man ganz einfach Geduld mit ihm haben sollte. Der macht schon seinen Weg, haben Sie gesagt, auch weil mir mein Sohn nicht gleichgültig ist.

Nun hat er gerade seine Meisterprüfung als Jahrgangsbester an der Bundesfachschule Kälte-Klima-Technik bestanden. Jetzt ist er Kälteanlagenbauermeister. Und ich soll Ihnen von ihm ausrichten, dass die damalige Zeit an der Schule für ihn von großer Wichtigkeit war. Sie waren der Anstoß, etwas aus sich zu machen, weil Sie an ihn geglaubt haben. Sie haben ihm Mut gemacht.«

»Oh, da bin ich ganz gerührt. Da bedanke ich mich aber. Wissen Sie, man kriegt als Lehrer eigentlich kaum mal eine Rückmeldung von ehemaligen Schülern. Die meisten haben mich vergessen. Ja, kommen Sie doch bitte mit rein. Das müssen wir doch feiern. Ich mach gleich die Flasche auf. Wir trinken auf Ihren Sohn.«

Nein, er möchte nicht noch mit reinkommen, er muss ja noch fahren. Er will gleich weiter, aber so viel Zeit nimmt er sich doch, um ihm seinen Elektrowagen zu erklären, der im aufgeladenen Zustand glatte 100 Kilometer und Höchsttempo 60 schafft. Man fährt ja doch nur in der Stadt, da reicht das völlig. Er steigt wieder in sein Vehikel, klappt das Verdeck herunter und fährt lautlos davon. Die Bremslichter leuchten noch einmal an der Kreuzung kurz auf, und dann ist er weg. Der Lehrer steht da und wundert sich. War das eben Wirklichkeit? Oder nur eine Fata Morgana? Alles nur geträumt?

Nein – die Weinflasche in seiner Hand sagt etwas anderes, und die kann man nicht nur im Traum trinken, sondern auch in der Wirklichkeit.

DIETRICH VON HORN, * 1944, und HEIN-DIRK STÜNITZ, * 1948, leben in Bargteheide bei Hamburg. Beide waren Lehrer, können deshalb über viele Erfahrungen aus ihrer langen Berufslaufbahn berichten. Der Erfolg des ersten Lehrerbandes *111 Gründe, Lehrer zu sein*, inzwischen in der 8. Auflage, ermutigt zu neuen Taten. Da es mehr als 111 Gründe gibt, Lehrer zu sein, muss nun ein zweiter Band her. Weitere Veröffentlichungen der Autoren: *111 Gründe, Golf zu lieben*, *111 Gründe, Mallorca zu lieben* und *How To Survive im Ruhestand*.

Dietrich von Horn & Hein-Dirk Stünitz
WEITERE 111 GRÜNDE, LEHRER ZU SEIN
Eine Hommage an den allerschönsten Beruf der Welt
Mit Illustrationen von Jana Moskito

ISBN 978-3-86265-602-8
© Schwarzkopf & Schwarzkopf Verlag GmbH, Berlin 2016
Vermittelt durch die Literaturagentur Brinkmann, München | Alle Rechte vorbehalten. Dieses Werk ist urheberrechtlich geschützt. Jede Verwendung, die über den Rahmen des Zitatrechtes bei korrekter und vollständiger Quellenangabe hinausgeht, ist honorarpflichtig und bedarf der schriftlichen Genehmigung des Verlages. | Coverfotos: privat; außer, obere Reihe: 2. Foto: © Pavel Losevsky/depositphotos.de, 3. Foto: © solovyova/depositphotos.de, 4. Foto: © Monkey Business/depositphotos.de

KATALOG
Wir senden Ihnen gern kostenlos unseren Katalog.
Schwarzkopf & Schwarzkopf Verlag GmbH
Kastanienallee 32, 10435 Berlin
Telefon: 030 – 44 33 63 00
Fax: 030 – 44 33 63 044

INTERNET | E-MAIL
www.schwarzkopf-schwarzkopf.de
www.facebook.com/schwarzkopfverlag
info@schwarzkopf-schwarzkopf.de